中国矿业大学“十三五”品牌专业培育项目资助

现代公务员制度导引与教学案例

——历史发展与制度改革

施 炜 编著

中国财富出版社

图书在版编目（CIP）数据

现代公务员制度导引与教学案例：历史发展与制度改革/施炜编著．—北京：中国财富出版社，2021.3

ISBN 978-7-5047-7070-7

Ⅰ.①现…　Ⅱ.①施…　Ⅲ.①公务员制度—案例—中国　Ⅳ.①D630.3

中国版本图书馆CIP数据核字（2019）第264634号

策划编辑　颜学静　　**责任编辑**　邢有涛　郭小草
责任印制　梁　凡　　**责任校对**　孙丽丽　　**责任发行**　敬　东

出版发行	中国财富出版社		
社　　址	北京市丰台区南四环西路188号5区20楼	**邮政编码**	100070
电　　话	010-52227588转2098（发行部）		010-52227588转321（总编室）
	010-52227588转100（读者服务部）		010-52227588转305（质检部）
网　　址	http://www.cfpress.com.cn	**排　　版**	宝蕾元
经　　销	新华书店	**印　　刷**	北京九州迅驰传媒文化有限公司
书　　号	ISBN 978-7-5047-7070-7/D·0176		
开　　本	787mm×1092mm　1/16	**版　　次**	2021年3月第1版
印　　张	9.75	**印　　次**	2021年3月第1次印刷
字　　数	214千字	**定　　价**	58.00元

前　言

当今世界，政府在经济与社会发展中的中心地位越来越受到人们重视，而高效务实政府的先决条件是要引进一流的人才，拥有高素质的公务员队伍，并使人才能够在政府组织内得以迅速成长。所谓“为政之要，唯在用人”。

中国是文官制度的发源地，科举制度被公认为开创了世界文官制度的先河。党的十一届三中全会以后，在邓小平同志“坚决解放思想，克服重重障碍，打破老框框，勇于改革不合时宜的组织制度、人事制度”的指导思想下，我国拉开了干部人事制度改革的帷幕。中国公务员制度针对传统干部人事制度的弊端，在吸收借鉴了古今中外干部人事管理经验和方法的基础上，坚持市场经济、民主政治中干部人事管理普遍遵循的原则和基本要求，建立了基本适应改革开放形势和市场经济发展需要的现代干部人事管理制度。2005 年 4 月 27 日颁布的《中华人民共和国公务员法》正式确立了中国现代化的干部人事管理章程，标志着中国的干部人事管理进入了法制化的轨道。随着经济的发展，政府管理领域、社会治理领域中出现了种种新变化、新需求、新趋势，这些都对我国公务员制度提出了更高、更新的要求，同时也暴露出一些问题，例如我国公务员群体在进行自我管理、提供社会服务和公共产品的过程中出现了一些不适应、低效率等困境。本书即是在教学过程中为了更好地让同学们客观地认识我国公务员制度在实际运行过程中出现的一些不适应困境，并能对其现状和成因有更深刻的理解，进而能理性地分析问题和提出对应的解决之策而编写的教材。

教学案例是一个描述或基于真实事件和情景而创作的故事，它有明确的教学目的。学习者经过认真的研究和分析后会从中有所收获。一个完整的教学案例由案例正文和案例分析组成。一个好的教学案例应该满足：①可读性。案例应成功讲述一个引人入胜的故事，承转启合，语言流畅。②典型性。案例讲述的故事要具有典型性和代表性，不应该是个例或一个不可重复的事件。③冲突性。案例中一定要有问题意识，一定要有不得不解决的一些问题，并且围绕着这些问题有一群利益相关、角色立场不同的人物，以利于学生在教学过程中进行决策。④开放性。案例要有意识地埋设问题，但该问题应该没有唯一的正确答案，能够引发争论。⑤教学性。教学案例要有明确的教学目标和主题，要配有指导性和操作性非常强的案例分析，以便于使用该案例的老师能够展开和把控案例教学的进程。本书的案例是由作者在多年教学过程中认真选择和编撰，以及指导学生撰写而成，反映了我国公务员制度的最新发展态势，也填补了我国公务员制度案例研究领域的一个空白。由于知识有限和时间仓促，疏漏之处在所难免，我们真诚地希望各方能不吝赐教，共同进步。

感谢中国财富出版社有限公司为本书的出版提供的帮助。感谢研究生魏珊、赵敏、李淑清以及行政管理系 2016 级的学生们，该书的出版正是可爱的你们努力付出的最好见证。感恩我的家人，为我提供无私而温暖的港湾，让我心无旁骛地完成本书创作。

施 炜

2019 年 11 月 20 日于翡翠谷

目　录

第一章　现代公务员制度的缘起与发展和相应的教学案例

【学习目标】

现代公务员制度是适应资本主义发展的需要而建立起来的一种政府用人制度，由于各国国情不同，建构公务员制度的路径也不尽相同，我国的公务员制度是在借鉴国外公务员制度和反思我国政府用人制度的基础上形成的。本章重点掌握国内外公务员的范畴界定与制度设计的联系与区别。

第一节　现代公务员制度的缘起与发展

一、公务员的概念界定

“Civil Servant”一词于18世纪在英国出现，用来表示有别于东印度公司军事人员的文职人员。19世纪中后期，随着英国文官制度的建立，这个词语被用来称呼不与政党共进退、经过公开考试录用、无违法与重大过失即可职业常任的政府公职人员；而政党内阁成员包括首相、大臣、政务次官等，与内阁共进退的政务官和法官则不在文官之列。根据《布莱克维尔政治制度百科全书》的说法，在20世纪的英国，“Civil Service”表示除军队系统之外的全体领薪水的人员，他们的角色任务是执行由中央政府所制定和批准的政策。在英语中，“Civil Servant”和“Civil Service”都表示“文官”，前者是单数名词，后者是集合名词，表示全体文职人员（“Civil Service”有时也表示“文官制度”，与“Civil Service System”含义相同），中文译作“文官”，文官一词在介绍英国的公务员制度时较为常用。

目前在西方，“Public Service”一词十分流行，它既表示公共服务领域，又表示公共服务人员。后一种意义上，“Public Service”不同于“Civil Service”，它不仅包括政府的文职人员，而且也包括军队系统的文职人员，政府系统的军事人员以及在学校系统、警察部门等公共机构任职的人员。在英国、美国、加拿大、澳大利亚、印度和巴基斯坦等国，一般通用“Civil Servant”或“Civil Service”。而在德国、法国、瑞士和日本等国中，第二次世界大战前习惯称公职人员为“政府官员”或“文职人员”；第二次世界大战后，由于公职人员队伍扩大等原因，公职人员被称为“公务员”（该词起源于法语中的“La Fonctionaire”）。相应地，文官制度也被称为“公务员制度”。

在我国古代文献中并未出现“公务员”一词，它是清末民初西法东渐背景下的舶来品。最早见诸于民国初年（1915 年）的《修正刑法草案》。该草案总则第十七章《文例章》中，第八十一条第一项规定：“称公务员者，谓职官、吏员及其他依法令从事于公务的议员、委员、职员。”① 其后，1928 年正式颁行的《中华民国刑法》承袭了《改定刑法第二次修正案》中的“公务员”用语。

“公务员”一词在 1950 年 11 月 22 日中南军政委员会制定的《中南区惩治贪污暂行条例》中出现过后，很长一段时间在国家政治法律内容中未见使用，直到 20 世纪 80 年代初我国开始计划建立公务员制度，“公务员”一词才开始复用。1984 年，中共中央组织部会同原劳动人事部开始起草《国家工作人员法》，因国家机关工作人员这一概念范围还是太宽泛，所以又改为《国家行政机关工作人员条例》。1986 年，由中共中央组织部牵头、原劳动人事部参加，组成干部人事制度专题工作组，在《国家行政机关工作人员条例（草案）》的基础上，进一步提出了建立国家公务员制度的建议。1987 年 4 月，专题工作组提出了实行干部分类管理和建立公务员制度的设想，并将《国家行政机关工作人员条例（草案）》更名为《国家公务员暂行条例》。于是，“公务员”这一名称在我国又开始出现并被普遍使用。

目前，在法律中对“公务员”的概念和范围均有明确的界定，“公务员”已经成为了一个规范的专业学术用语。

二、公务员的范围

各国受政治体制、政府管理模式和执政理念等因素的影响，对公务员范围的划分差别很大。学术界沿用多年的大、中、小三类范围划分法基本囊括了大部分有代表性的国家。当然，这种方法不可能涵盖所有的国家，而且随着社会经济的发展和公共社会福利部门的增加，很多国家的公务员体系自身也在发生变化。

（一）“小范围”公务员

代表国家：英国、波兰。

在这类国家中，公务员只限定在行政系统内，并且排除了经选举产生和任命产生的公务员，即公务员就是指政府中事务次官以下的所有工作人员，一般称事务官或常任文官，英国是此类中的典型。英国在海外的很多属国独立后，仍然沿用英国文官制度的规定和原则。如亚洲的印度、巴基斯坦、缅甸、马来西亚；大洋洲的澳大利亚、

① 谢振民．中华民国立法史［M］．北京：中国政法大学出版社，2000.

新西兰；非洲的加纳、阿尔及利亚、南非等。在英国，文官（公务员）就是指政府行政部门中除政务官以外的所有工作人员，不包括由选举或政治任命产生的议员、首相、部长、国务大臣、政务次官、政治秘书和专门委员等政务官，也不包括政府经营的企事业单位的工作人员和自治地方工作人员，更不包括法官和军人，范围很窄。

（二）"中范围"公务员

代表国家：美国、德国。

在这类国家中，公务员包含了行政系统内的所有工作人员，也包括由选举产生和政治任命产生的公职人员（即"政务官"）。世界上有不少国家仿效美国的文官制度，如亚洲的菲律宾、泰国、韩国；北美洲的加拿大等。

在美国，相关概念有3个，一是"政府雇员"，范围比较大，包括总统、州长、市长等民选公职人员，部长、副部长、助理部长、独立机构的长官等政治任命官员，以及行政部门的其他所有文职人员。但是，立法部门的议员和雇佣人员、司法部门人员和法官除外。二是"公务员"，指由选举和政治任命产生的高级官员以外的政府部门的文职人员，但范围要更广泛一些，包括公共事业从业人员和政府经营的企事业单位的管理人员。三是"职业文官"，范围最小，仅指联邦行政机构中执行公务的人员，不包括国会的雇员和法官及法院的雇员，这部分人由联邦人事管理总署根据公务员法进行管理①。

在德国，公务员分为两类：一类是以民选方式任用的特殊职公务员，他们经过选举和政治任命产生，随内阁的更迭而进退，为政务官，比如内阁总理、国务委员、部长等，他们不适用公务员法；另一类是一般职公务员，他们不同内阁共进退，是适用公务员法的普通官员，包括政府人员、医护人员、士兵、中小学教师、清洁工、大学教授、公共游泳馆馆长、法官和国有企业的领导人等，凡是在联邦、州、乡以及受国家监督的团体、研究所和基金会从事公务活动的人员都属于公务员范围。②

（三）"大范围"公务员

代表国家：法国、日本。

在这类国家中，所有国家机关，包括立法、行政、司法三大系统的所有工作人员以及公共企业、事业单位的工作人员全部都是公务员。法国和日本最为典型，摩洛哥、尼日利亚和几内亚等也属于此类。

在法国，"公务员"包括中央政府、地方政府及其所属的公共事业机构的所有人员，分为国家公务员、地方公务员和医护公务员。其中，中央政府和地方政府机关各

---

① 胡建淼．比较行政法——20国行政法评述［M］．北京：法律出版社，1998.

② 中华人民共和国人事部国际交流与合作司．外国公务员制度［M］．北京：中国人事出版社，1995.

部门从事行政管理事务的常任工作人员、外交人员、教师、医务人员等适用公务员法；议会工作人员、法官、军人，以及工商业性质的国家管理、公用事业和公立公益机构的人员，不适用公务员法。

在日本，分为国家公务员和地方公务员两类。国家公务员是指在中央政府机关、国会、法院、公立学校和医院及国有企业事业机构等工作的人员。地方公务员是指在地方政府机关、地方立法机关、地方法院和地方政府经营的企事业单位工作的人员。国家公务员和地方公务员又分为“特殊职”和“一般职”。

综合分析，各国公务员的范围虽宽窄不一，但大致可以分为上述三种情况。需要注意的是，每一种情况的公务员群体覆盖的范围并不完全相同。因此，可以说各国对公务员范围的界定并没有统一的认识，划分方法是多样化的，比较复杂。但是适用于公务员法的人员却大致相同，即行政系统中非选举产生和非政治任命的公职人员，这部分人是公务员队伍的主要组成人员。如英国的“常任文官”、美国的“职业文官”、德国和日本的“一般职”公务员等。

我国于2005年4月27日，第十届全国人大常委会第十五次会议通过了《中华人民共和国公务员法》（以下简称“公务员法”），该法第二条规定了“公务员”的认定标准：“本法所称公务员，是指依法履行公职、纳入国家行政编制、由国家财政负担工资福利的工作人员。”按照这样的认定标准，公务员的范围（见表1－1）进一步扩大。

表1－1　按照《中华人民共和国公务员法》认定标准包括的公务员范围

组织机构	人员范围
中国共产党党中央和地方各级委员会、纪律检查委员会	中央和地方各级委员会、纪律检查委员会的专职领导成员（即编制和工资福利关系在党的各级委员会、纪委机关的领导成员），中央和地方各级委员会、纪委的办事机构和工作部门的工作人员，街道、乡镇党委机关的工作人员
全国和县级以上地方各级人大常委会机关	人大常委会的专职组成人员（即编制和工资福利关系在人大常委会机关的组成人员），人大常委会办事机构、工作机构的工作人员和人大专门委员会办事机构工作人员
行政机关	各级人民政府的组成人员，政府工作部门以及派出机构的工作人员
政协机关	政协各级委员会专职领导成员（即编制和工资福利关系在政协机关的领导成员），办事机构和工作机构的工作人员和政协专门委员会办事机构的工作人员
审判机关	各级人民法院的法官、审判辅助人员和行政管理人员

续表

组织机构	人员范围
检察机关	各级人民检察院的检察官、检察辅助人员和行政管理人员
民主党派机关	民主党派中央和地方各级委员会专职领导成员（即编制和工资福利关系在党派机关的领导成员），中央和地方各级委员会办事机构和工作部门的工作人员

此外，公务员交流制度否定了一般性国有企业、事业单位中从事公务人员的公务员主体身份，即在该类企事业单位中从事公务的人员达到副处级调研员及以上职务时，通过调任进入公务员队伍才具有公务员主体身份。在关于公务员范围的学界探讨中最突出的就是将“法官、检察官”纳入了公务员的主体范畴，尤其是对“法官、检察官行政化”的质疑声最强烈。

三、公务员制度的含义

公务员制度是在对公务员进行管理时所依据的法律、法规和规章的总称。建立和推行公务员制度，就是通过制定法律、法规和规章，对政府机关中行使国家行政权力、执行国家公务的人员依法进行科学管理。

按照系统权变理论的观点，可将公务员制度分为进口环节、出口环节和日常管理环节等。

公务员制度的进口环节是指社会公民进入公务员队伍，与政府机构形成公共人事任用关系，确立公务员身份的各种渠道、措施。进口环节主要包括公务员考试录用、调任、聘任等。

公务员制度的出口环节是指公务员退出公务员队伍，丧失公务员身份，还包括公务员因法定事由而转任或被降职、免职，改变工作关系，但保留公务员身份的情况。出口环节主要包括职务升降、免职、开除公职、辞职、辞退等。

公务员制度的日常管理环节是指除进口环节、出口环节以外，其他的日常公务员管理活动。日常管理环节主要包括公务员考核、职位分类、任职、纪律与奖惩、交流与回避等。

四、现代公务员制度建构的三种路径

现代意义上的公务员制度肇始于英国。19 世纪中后期，随着英国工业经济的腾飞和资产阶级民主政治的发展，英国公务员制度应运而生。作为与现代政治、经济、文化体制相适应的公共人事管理制度，英国公务员制度在西方国家间迅速传播。美国、德国、法国等国家在借鉴英国公务员制度的基础上，结合本国国情，构建出了属于本国的公务员制度。

现代公务员制度在各国形成大致有三种基本路径。

路径 1：在反对“恩赐官职制”“政党分肥制”过程中逐步确立国家公务员制度——典型代表：英国

英国是现代公务员制度的发源地。英国在封建君主制时期，国王集立法和行政大权于一身，所有的官吏都是国王的臣仆，一切听命于国王。资产阶级革命之后，重要官员的任命权大都被议会中占多数席位的党派所掌握。针对“恩赐官职制”和“政党分肥制”（也称政党分赃制）的弊端，1853 年，英国明确提出对公职人员实行考试任用制度。1854 年发表的《关于建立英国常任文官制度的报告》系统地提出了以考试任用制度取代“恩赐官职制”和“政党分肥制”的官吏任用改革建议，从而形成了英国公务员制度的基本特征。

路径 2：在反对“政党分肥制”过程中确立国家公务员制度——典型代表：美国

美国在反对“政党分肥制”的过程中确立了公务员制度。1801 年，托马斯 · 杰弗逊上台，创立了民主党，开始提拔一批自己的亲信。1829 年，安德鲁 · 杰克逊上台，立即提出任命大批本党成员担任政府公职。在其任职期间，撤换了大约 20% 的官员以安插同党。从 1840 年开始，美国社会各界反对“政党分肥制”的舆论日甚，国会和总统也开始在小范围内进行小规模的考任制试验。1883 年，国会通过《彭德尔顿法》，提出建立公开考试、择优用人的制度，以此为基础确立了美国的公务员制度。

路径 3：总结仿效英、美等国公务员制度建立起符合本国国情的国家公务员制度——典型代表：法国、日本

以法国和日本为代表的各国在第二次世界大战之后，吸取了不同国家人事管理的经验和教训，在制定公务员制度的过程中做过许多技术方面的修改，但其基本原则和内容却相对稳定，形成了现代公务员制度的基本特色。

第二节　现代公务员制度缘起与发展的教学案例

教学案例 1

科举制度与文官制度的“血缘关系”

科举制度（又称科举制）在中国实行了 1300 多年，从隋唐到宋元再到明清，一直紧紧地伴随着中华文明史。科举制的直接结果是选拔出了十万名以上的进士，百万名以上的举人。这个庞大的群落，当然也会混杂不少无聊或卑劣的人，但就整体而言，却是中国历代官员的基本组成队伍，其中包括着一大批极为出色的、有着较高文化素养的政治家和行政管理专家。没有他们，也就没有了中国历史中一些重要的进程。如

王维、柳公权、贺知章、张九龄、吕蒙正、张孝祥、陈亮、文天祥这样的人物，说他们没有学问是让人难以信服的。这还只是说状元，如果把范围扩大到进士，那就会生成一份极为壮观的人才名单。为了选出这些人，几乎整个中国社会都动员起来了，而这种历久不衰的动员也造就了无数中国文人的独特命运和广大社会民众的独特心态。

中国古代的科举制度就本质而言是一个文官选拔制度，而不是文学创作才华和经典阐释能力的考察制度。设想一下，如果不是科举，古代中国该如何来选择自己的官吏呢？这实在是政治学上一个真正的大问题。不管何种政权，何种方略，离开了可靠、有效的官吏网络，必定是空洞而脆弱的；然而仅仅可靠、有效还不够，因为选官吏不比选工匠，任何一个政权只要尚未达到无所顾忌的程度，就必须考虑官吏们的社会公众形象，不仅要使被管理的百姓大致服气，而且要让其他官吏乃至政敌也没有太多话可说；这样做已经够麻烦了，更麻烦的是中国的版图如此辽阔、政权结构如此复杂，需要的官吏数也十分惊人，把那么多的官吏编织在同一张大一统的网格里，其艰难程度可以想象；好不容易把一张网络建立起来了，但由于牵涉面太大，偶然性因素太多，过不久自然会发生种种变故，时间长了还会出现整体性的代谢，因此又要辛辛苦苦地重寻线头，重新绾接……这一连串的难题，如此明显地摆在历代帝王和一切意欲“问鼎九州”的政治家面前，躲也躲不开。全部难题最终归结在：毫无疑问需要确立一种能够被广泛承认、长久有效的官吏选择规范，这种规范在哪里？

世袭是一种。这种方法最简便，上一代做了官，下一代做下去，中国古代奴隶制社会基本上采取这种方法来选择官吏，这种方法后来在封建社会中也局部实行，称为“恩荫”。世袭制的弊端显而易见，一是由于领导才干不能遗传，继承者不一定能像他的先辈那样有效地使用权力；二是这种权力递交在很大程度上削减了朝廷对官吏的任免权，分散了政治控制力。

世袭因强调做官的先天资格而走进了死胡同，因此有的封建主开始寻求做官的后天资格，而后天资格主要表现在文才和武功这两个方面。平日见到有文才韬略的，就养起来，家里渐渐成了一个人才仓库，什么时候要用了，随手一招便派任官职，这叫“养士”，有的君主在家里养有食客数千。这种办法曾让历代政治家和学者都有点心动，很想养一批食客或很想成为食客被君主所养，但仔细琢磨起来问题也不少。食客虽然与豢养者没有血缘关系，但是养和被养的关系其实是血缘关系的延长，由被养而成为官吏的那些人主要是执行豢养者的指令，很难成为公平、公正的管理者，社会很可能因他们的管理而混乱。并且君主选养食客，无论是标准还是审查方法都带有极大的随意性，所养的并非全是人才。至于因武功或军功赏给官职，只能看成是一种奖励方法，不能算作选官的正途，因为众所周知，打仗和管理完全是两回事。武士误国，屡见不鲜。

看来，寻求做官的后天资格固然是一种很大的进步，但后天资格毕竟没有先天资格那样确证无疑，如何对这种资格进行令人信服的认证，成了问题的关键。大概是在汉代，开始实行“察举”制度，即由地方官员随时发现和考查所需人才，然后向政府推荐。考查和推荐就是对做官资格的认证，这比以前的各种方法科学多了。但是不难想象，各个地方官员的见识和眼光大不一样，被推荐者的品位层次也大不一样，如果没有一个标准，一切都会乱套。为了克服这种无序，到了三国两晋南北朝时期，便形成了选拔官吏的“九品中正”制度。这种制度是由中央政府派出专门选拔官吏的“中正官”，把各个被推荐的人物评为九个等级，然后根据这九个等级来决定所任官阶的高低。这样一来，相对统一的评判者有了，被评判的人也有了层次，无序走向了有序。

但是明眼人一看就会发现，这种“九品中正”制度的公正与否完全取决于那些“中正官”。这些在选拔官吏上握有无限权力的大人物，手中握有生死予夺的最终标尺。如果他们把出身门第高低作为划分推荐等级的主要标尺，那么这种看似先进的制度，也就会成为世袭制度的变种。不幸的是事实果真如此，排了半天等级，没想到最后拿出来一看，重要的官职全都落到了豪门世族手里。

就是在这种无奈中，隋唐年间，出现了科举制度。科举制度的最大优点是从根本上打破了豪门世族对政治权力的垄断，使国家行政机构的组成向着尽可能大的社会面开放。科举制度表现出这样一种热忱：凡是这片国土上的人才，都有可能被选拔上来，而且一定能被选拔上来，即使再老再迟，只要能赶上考试，就始终为你保留着机会。这种热忱在具体实施中当然大打折扣，但它毕竟在中华大地上点燃了一把快速蔓延的希望之火，使无数真正的人才陡然振奋，接受竞争和挑选。在历代的科举考试中，来自各地的贫寒之士占据了很大的数量，也包括不少当时社会地位很低的市井之子。据《北梦琐言》记载，唐代一位姓毕的盐商之子想参加科举考试，请人为他改一个吉利一点的名字，那人为他取名为毕诚，他欣然接受。后来他不仅考上了，而且逐级升官一直做到宰相。这说明科举制度确实是具有包容性和开放性的，不太在乎原先家族地位的贵贱。

科举制度的另一个优点是十分明确地把文化水准看作选择行政官吏的首要条件。考来考去主要是考文学修养和对诸子经典的熟悉程度，这种考法越到后面越显现出很多负面效应，但至少在唐宋时代，无疑起了一定的引导作用。大批书生从政，同时也加速了社会文明的进步。

科举以诗赋文章做试题，并不是测试应试者的特殊文学天赋，而是测试他们的一般文化素养。测试的目的不是寻找诗人而是寻找官吏。其意义首先不在文学史而在政治史。

然而，科举制度确确实实出现了一些问题。这些问题并非人为设置，客观上受中国文化和政治构架的深层次影响。据笔者所知，清代来华的不少西方传教士在考察科举制度之后曾大为赞叹，认为发现了一种连西方也还没有找到的完善的“文官选拔制度”，便急切地向世界介绍。但他们的考察毕竟是肤浅的，只是粗浅地了解了一下科举程序和规则，而未能窥及深潜的隐患，因此他们也就无法理解，有着如此完善的“文官选拔制度”的中国，怎么会出现国家管理人才严重匮乏、整体文明素质日益枯窘的局面，以致陷入越来越混乱和贫困的境地？

中国古代科举制度所遇到的最大悖论，产生在包围着它的社会心态中。本来是为了显示公平，给全社会尽可能多的人机会，结果九州大地全都成了科举赛场，一切有可能识字读书的青年男子把人生的成败荣辱全都抵押在里边，本来是为了显示公正性，堵塞了科举之外许多不正规的晋升之路，结果别无选择的家族和个人不得不把科举考试看成你死我活的政治恶战，创设科举的理性动机渐渐变形。

【问题】

1. 分析西方文官制度与中国科举制度所具有的共同点。
2. 分析中国科举制度与西方文官考试制度的不同点。
3. 谈谈科举制度对完善我国公务员制度的启示。

【分析】

1. 西方文官制度与中国科举制度所具有的共同点

中国的科举制度之所以能够延续1300多年并被许多国家学习，在于其符合社会政治、经济发展潮流，符合行政效率原则，符合“物竞天择，适者生存”的进化规律和竞争精神。尽管科举制实行时并没有完全取消世袭制，但科举制因制度方法完备、考试与考核相结合、分级考试、层层挑选、择优录取的特点打破了世卿世禄一统天下的官僚制度，为优秀社会人才进入政府建立了制度上的保障。西方文官制度与中国的科举制度之间有密切的关系，但又有很大的不同，“公务员制是科举制的回归与升华”。① 概括而言，中国科举制度与西方文官制度之间既有共同点，又有不同处，这些异同既是中西不同官僚体制的反映，也是政治与行政不同关系的表达。

西方文官制度的构建受到了中国科举制度的影响，因而有着中国科举制的特征印记。其共同点表现为：①西方文官制与中国科举制都以公开考试作为筛选政府官员的主要手段，将文化水平作为选择行政官员的首要条件；②中国的科举制与西方国家的文官制都可以实现这样的效果：使生活在底层的人看到通过接受教育改变命运的希望，使一些人特别是底层人获得了改变社会地位和政治角色的机会，这不仅刺激了全民对教育认识的提高，还能够促进社会的稳定；③中国的科举制与西方文官制都具有筛选社会优秀人才进入政府的功能。

2. 中国科举制度与西方文官考试制度的不同点

如果说西方文官制度与中国科举制度的最大共同点是在公开、公平、公正、竞争的原则下，以考试方式录取优秀人才，那么除此之外，它们所剩下来的则更多是不同，具体表现如下。

---

① 刘海峰．科举制——中国的第五大发明［J］．探索与争鸣，1995（8）：36.

（1）在考试内容和录用程序上两者不同。

西方文官考试一般分为口试和笔试两种。像美国等国除了口试、笔试外，还有考察某些技术人员实际操作的考试。考试内容注重实际，强调能力，并注意通才和专才相结合，对不同类型的文官进行不同形式和内容的考试；录用程序相对也比较简单，大体分为四个阶段：招考、考试、选用和试用。而中国的科举考试虽也有口、笔两试，但考试内容严重脱离实际，不注重能力，只局限于“四书五经”、诗词歌赋，鼓励死记硬背，八股文风泛滥成灾，往往造成学非所用、用非所学的局面。考试录用程序更是纷繁复杂，层级较多。以清朝为例，它的考试录用要经过县试、府试、院试、乡试、会试、殿试和任用的过程，往往一个人取得最后的成功要耗费大半生的时光，甚至一个人到老也不能及第。

（2）在官吏考核和晋升方式上不同。

西方国家公务员在考核过程中一般都可遵循这样的原则：民主公开原则、客观公正原则和保障原则（指公务员对不公平的考核评语有申诉的权利，甚至向法院提起诉讼）。晋升也通常是由考试晋升、考核晋升和年资晋升这几种方式组成。这些做法的目的很显然是为了确保公务员在考核和晋升上的合理和客观。而科举制下的官吏考核和晋升固然有许多和西方文官制度下在官员的考核和晋升方面相同的、好的原则和方式，但由于处于封建社会的大环境下，在操作时往往更多的带有人情关系烙印。考核官吏往往不是根据被考核者的能力和实绩，而是根据考核官吏者自己的喜好、憎恶和与被考核者的关系做出判定。中国历史上，像范仲淹、欧阳修等由于遭到不公正考核而不能升迁，甚至贬谪的官员不计其数，这不仅使大量有才、有识之士不能脱颖而出，人尽其才，而且也加快了各个朝代灭亡的步伐。

（3）在法规、制度层面上不同。

可以说西方文官制度，从它产生的那天起就有了其法制化、正规化的内容。每个国家在有公务员制度的同时，都有相关的公务员制度主体法规。如英国于 1855 年颁布的《关于录用王国政府文官的枢密院令》、美国 1883 年颁布的《彭德尔顿法》、法国 1946 年颁布的《公务员总章程》、德国 1953 年颁布的《联邦官员法》。这些法规从制度层面上保证了公务员制度的连续性和有效性。而中国的科举制由于是出现在等级森严、以皇权为中心的封建社会中，皇帝的口谕、圣旨就是法令，所以它带有很强的随意性和人治化的内容，也没有形成相应的完整制度和法规。科举往往随着皇帝的意志变动而变动，可废可立，可举可停。以宋朝为例，自宋太祖开宝七年（公元 974 年）至宋仁宗嘉祐元年（公元 1056 年），宋朝建国已有 83 年，而科举仅有 44 次。①

---

① 杨鸿年，欧阳鑫. 中国政制史［M］. 合肥：安徽教育出版社，1989：253.

（4）两者所处的历史时代和发展方向不同。

西方文官制度是处在资本主义政治体系中的，虽然资本主义社会制度有其致命的缺陷和不足，并终将为社会主义所取代，但在当下，西方文官制度还是不断地得到完善和发展，并彻底取代了任人唯亲的恩赐制和政党分肥制。而科举制诞生于专制主义严重的封建社会政治体系中，它虽然打破了九品中正制和察举制下的士族垄断局面，但却又造成士大夫垄断的新局面。在其漫长的自身发展过程中，合理完善和发展的内容不多。“……科举制度形成了一个等级分明、层次清楚、名目繁多的复杂体系，但考试内容与形式也日益僵化。”①

3. 科举制度对完善我国公务员制度的启示

中国的科举制在16世纪就为西方国家所知，西方人把中国看成西方文官制度的故乡，这是符合历史事实的。科举制度作为我国封建社会中后期的一项选官制度，之所以盛行一千三百多年，原因就在于它留下的合理内核和竞争精神，也就是考试制度和公开竞争。中国近现代社会经济形态变迁了，科举制度中合乎人类社会“物竞天择，适者生存”这一社会法则的部分，即考试、竞争制度被长期推行。科举制度在中国的历史上发挥了重要的历史作用，它不仅是中国文化的重要组成部分，同时是世界文明的一部分。应该说西方文官制度是西方各国结合本国国情所创立的一种崭新的政治制度，西方文官制度源于中国的科举制度，而又在中国科举制的基础上有了很大的发展。科举制度作为一种社会权力精英的遴选机制，对近代西方文官政体的形成与发展具有直接的、深刻的影响，从这个意义上讲，传统科举制仍然具有借鉴意义，科举制度具有恒久的价值。我们更需从科举制中吸收其合理的内核——“公开考试，平等竞争”的精神，以期获得启迪和收益。

公务员制度是我国干部人事制度上的一项重要的创新措施。通过十几年的发展，公务员制度在建设上已取得了很大的成绩，但鉴于我国政府人事管理长期处于人治和不规范的状态，加之我国法治建设正处于起步阶段，所以我国的公务员制度还存在着许多不足，其表现为干部人事制度透明度不高、缺乏有效的民主监督机制、行政领导主观臆断严重、任人唯亲现象依然存在等。种种现象决定了目前的中国公务员制度亟待完善提高。我国公务员制度改革可遵循以下思路。

（1）在人才选拔机制中应强调考选制。

考选制不仅是科举制的核心，也是西方文官制度真正从科举制中所借鉴的内容，它也应当成为我国公务员制度所必须坚持和强调的内容。它摒弃了“以人选人”的做法，实行了根据考试成绩来选拔人才的这一做法。这一做法不仅体现了“考试面前，人人平等”的民主精神，而且真正地将竞争机制引入进了官员铨选制度，有效防止了“高下任意，荣辱在手”的人为因素对人才选拔过程的不良影响。

---

① 任爽，石庆环. 科举制度与公务员制度——中西官僚政治比较研究［M］. 北京：商务印书馆，2001：33.

（2）应强调人才选拔的程序性和规范性。

人才选拔的程序性和规范性是指在人才选拔过程中要严格遵循和坚持的原则、方针和顺序。在唐代，考试成绩已不单单作为选拔的依据，考生在中了进士之后，还要经过吏部铨选，吏部根据身（体貌丰伟）、言（言辞辩证）、书（楷法遒美）、判（文理优长）四个标准进行评判，四条相等者参看德行，评判合格后，方可任官。人才选拔的程序性和规范性不仅能保证选拔过程的公平、公正，而且更重要的是它还能使德才兼备的人才选拔标准得以保证，不偏离方向。选什么样的人，选出的人为谁服务是大是大非的问题。

（3）应强调公务员考核、晋升的公正性和客观性。

"政治生活中最大的弊端是腐败，而腐败中最大的腐败是用人的腐败。"克服这一现象，除了上述两点之外，公务员考核、晋升的公正性和客观性是解决这一问题的又一件有力武器。保证考核、晋升的公正性和客观性应做到：合理确立考核、晋升的标准，实现指标量化，使考核、晋升工作具有可视性和可操作性；提高考核者素质，减少人为情感因素，使考核、晋升工作真正建立在被考核者的能力和实绩上。同时实行责任连带制度，对在考核、晋升工作中徇私舞弊、出现重大失误，致使优秀人员遭受不公正待遇或不合格人员升迁的人员或组织，视情节轻重，给予处罚；建立健全各项工作制度和监督机制，使考核、晋升工作步入正规化和程序化的同时，也自觉地接受法律和人民的监督。

教学案例 2

总统被刺开启改革大幕

1881 年 7 月 2 日，加菲尔德总统没带警卫进入了华盛顿的巴尔的摩和波托马克火车站，身边只有国务卿詹姆斯·布莱恩陪伴。当布莱恩停下来跟一个朋友聊天时，猛然间，两声枪响，总统倒地不起，最终于 1881 年 9 月 19 日伤重不治去世，享年 50 岁。加菲尔德是继林肯之后第二位被刺杀的总统，也是倒在刺客枪下的"反腐"总统，同时也是首位具有神职人员身份的总统。加菲尔德去世后，在首都举行了隆重的国葬，7 万多人沿街目睹他的灵车经过；在俄亥俄州的克利夫兰，15 万人参加了纪念仪式，几乎倾城而出。加菲尔德虽然只做了 200 天总统，但他作为学者、军人、政治家以及虔诚的基督徒，在美国历史上留下了浓墨重彩的一笔。

刺杀加菲尔德的凶手名叫查尔斯·吉托，是一名落魄的律师。当旁观者缴了吉托的枪时，他们听到他说："这下好了！他们必须给我那个职位！"在凶手的口袋里，他们发现了一封寄往白宫的信。信中，吉托为杀死了她丈夫而向加菲尔德夫人致歉。吉托向加菲尔德夫人保证：正如所有虔诚的基督教徒都知道的那样，总统在天堂里要比在华盛顿快乐。

吉托为何要行刺总统，又为何将总统之死与谋取良职归为一谈呢？原来吉托是传教士、作家和律师，也是当时共和党内保守派系“忠诚派”的成员。在加菲尔德代表共和党竞选总统时，吉托曾撰写演讲稿为加菲尔德鼓气拉票，加菲尔德最终以微弱优势胜出当选总统，吉托认为他写的文章起了很大的作用。根据当时政坛流行的政党分肥制的做法，吉托要求得到回报，他希望成为美国的驻外大使，派往如瑞士、法国等国，但他的要求被多次拒绝。吉托也曾与其他许多求职者一样，到白宫以及国务院外排队等候，5 月 14 日时任国务卿布莱恩亲口告诉吉托不要再提求官的要求了，政府无法满足他的愿望。

加菲尔德上任之初，继续前任总统海斯开启的改革官员任命的做法，不采用任人唯亲的政党分肥制，而采用任人唯贤、择优任命的做法，使得不少为共和党竞选出过力的人失去了担任公职的机会，引起了党内的纷争。当时共和党内以参议员罗斯科·康克林为首的保守忠诚派坚持实施政党分肥制，其成员包括接替加菲尔德担任总统的切斯特·艾伦·阿瑟，而坚持实施公务员制度改革的为共和党的温和改良派，海斯、加菲尔德以及布莱恩等人都属于这一派。吉托在刺杀加菲尔德被捕时，曾称自己是真正的忠实派成员，并高呼阿瑟现在是总统了。吉托认为，阿瑟当时是副总统，加菲尔德一死，根据法律规定，阿瑟自然就名正言顺地成为总统了，而吉托顺利获得他所想要的职位也是顺理成章的事了。

总统遇刺，举国愤慨，大众舆论很快将讨伐的目光聚焦于政党分肥制上，吉托何以行刺总统，大众舆论又为何认定政党分肥制才是罪魁祸首，回答这些问题还要从美国如何选拔公务员说起。

一、改革前的美国文官制度

美国文官制度是美国联邦政府的人事管理制度，它的确立是以 1883 年《彭德尔顿法》颁布作为标志的，在此之前，美国联邦政府没有正规的人事管理制度。《彭德尔顿法》颁布前，联邦政府在任用官员方面经历了两个时期，第一时期从乔治·华盛顿总统到约翰·亚当斯总统，是为“资历制”时期；第二时期从安德鲁·杰克逊总统到《彭德尔顿法》颁布，是为“政党分肥制”时期。

美国第一届联邦政府于 1789 年建立，在这个时期，联邦政府的官员主要由总统任命，总统既注重官员的品德、能力、家庭背景、教育程度和社会地位，也要看这些官员的政治信念是否同自己保持一致，如华盛顿总统在第二届任期内，基本上就只任用那些政治主张与政策同政府“相一致的人”。① 这样的选拔标准把当时的美国联邦政府造就成一个“有教养的人，出身高贵的人，富豪和他们的追随者的政府，总之，上等阶级的政府”，但这种选官制度有明显的弊端，尤其是局限于从上流社会选人的精英化

① 竺乾威．美国官制考［J］．晋阳学刊，1982（1）：94－96.

做法，使得平民很难进入政府担任高级职务，这种现状引起人们的强烈不满，也与美国立国的民主原则背道而驰。

政党分肥制时期是美国官员任用制度发展的第二个阶段，政党分肥制成为一种制度则是从安德鲁·杰克逊总统时期开始的。1829 年自称是平等主义者的杰克逊上台执政，为了打破上流社会垄断政府公职的局面，更好地推进民主，时任总统杰克逊推出了“政党分肥”的选官制度。所谓政党分肥制，是一种依据党派关系分配政府公职的制度，大选获胜的政党通过任命公职报答该党的积极支持者，其最能显示“分肥”特点的地方在于公职的任命不以能力高低为准，而是以效忠程度为准。政党分肥制在美国实行了 50 多年。从杰克逊开始，每一任美国总统在上台后，都把政府的官职奖赏给在竞选中为其出过力的人员和亲信，对联邦政府官员进行大清洗、大换班，政党分肥制实际上成为总统和政党维持政治实力，控制联邦政府的有力工具。可以说，在政党分肥制时期，所有的联邦政府官员，包括事务官员都是政务官。

二、总统遇刺成了压倒政党分肥制的“最后一根稻草”

加菲尔德不幸成了政党分肥制的直接受害者，这位坚持实施公务员制度改革的总统就职伊始，因无法满足每一位效忠者的要求，以至于出现了一部分求职不得转而愤懑者。刺客吉托欲谋求巴黎领事之职，在三番五次纠缠国务卿未果的情况下，把愤怒的子弹射向总统。

总统遇刺成了压倒政党分肥制的“最后一根稻草”。曾有美国主流媒体认为：加菲尔德先生遇刺，是自内战以来我国一直因之遭受磨难的、过去恶劣、现在仍恶劣的政党分肥制造成的必然结果。随后，一场公务员制度改革运动迅速开展。

三、美国文官制度改革

随着时代的发展和政党分肥制弊端的揭露，美国文官制度改革运动逐渐兴起。

（一）文官制度改革的背景

从美国的社会发展看，18 世纪末，美国就开始了工业革命，随着工业革命的发展，美国的产业结构也发生了巨大的变化，出现了钢铁工业、机器制造业、铁路业等新兴行业，产业结构的变化对政府的管理形式和管理水平提出了更高的要求。随着美国进入工业化时代，生产力获得巨大发展，社会各个领域、产业结构和社会结构也逐渐完善和发展，对政府的行政管理职能提出了更高的要求。因此，有必要对联邦政府的人事管理体制进行改革，使美国联邦政府承担起总指挥的任务。

从美国文官制度来看，政党分肥制对美国联邦政府行政工作和社会风气产生了严重影响，也直接引发了美国文官制度的改革。美国文官制度的改革经历了漫长而曲折的过程，它最初是通过在原有的政府雇员中引入考试制度开始改革的。

（二）文官制度改革的过程

1853 年和 1855 年，美国国会仿效英国的文官制度，先后通过两个法案，提出为了使政府雇员“不致因无能而坏事”的口号，议员在被录用前必须通过考试。但是，由于这两个法案过于简略，参加考试的人非常少，考试的过程又不正规，所以法案实行不久就流于形式，没有坚持下去。1865 年文官改革运动的领袖众议员托马斯·艾伦。詹克斯向国会详细介绍了中国、法国和英国的官吏制度，并提出了改革文官制度的议案，国会认可了他的议案，并就文官考试的改进办法进行研究。

19 世纪 70 年代以后，美国文官制度的改革出现了转机。在此期间许多美国总统都把文官制度改革提到一个重要的地位，他们把文官制度的改革或纳入议事日程，或列入竞选纲领。但是，由于政党分肥制的实行由来已久，其影响根深蒂固，美国文官制度的改革很难推进。1870 年，格兰特总统任内，内政部长科克斯发布行政命令，要求采取公开考试的竞争方式录取政府官员。

1871 年，美国成立了历史上第一个独立的文官机构——文官委员会，负责起草有关规则并监督公开考试等改革事宜。1872 年，文官委员会制定出文官分类规则，把文官分为四个等级。但上述改革因种种原因都未能在实践中付诸实施。1876 年海斯当选美国总统后，1877 年命令组成委员会，首先对海关和税务官员实行考试录用，但这项命令没有真正地实行。1877 年海斯总统发布命令，禁止所有政府官员参与政治活动。但是与前几任总统一样，海斯总统不仅在改革中遇到了强大的反对势力，而且海斯本人也无法摆脱政党分肥制的影响，所以文官制度改革不能彻底地进行。

直到 19 世纪 80 年代，由于受到加菲尔德总统遇刺案的刺激，美国文官制度的改革才取得突破性的进展。加菲尔德总统的遇刺，极大地刺激了美国朝野人士，美国公众舆论和文官制度改革倡导者向国会施加压力，在强大的压力下，美国国会于 1883 年以多数票通过了由俄亥俄州民主党参议员彭德尔顿提出的文官改革法案，即《调整和改革美国文官制度的法案》，或称《彭德尔顿法》。确定以“功绩制”代替“政党分肥制”，明确了竞争考试、职务常任与政治中立三项原则。《彭德尔顿法》彻底改变了公职人员的任用制度，不仅打破了政党分肥格局，更确立起美国文官制度的基本原则。尽管在 1883 年以后的 100 多年的时间里，美国联邦政府不断改革与完善文官制度，但该法案所确立的基本原则，却始终没有发生根本性的改变。

在美国历史上，进行过两次文官制度的重大改革。第一次是在 1883 年通过了《彭德尔顿法》，第二次是在 1978 年，通过了《文官制度改革法》。如果说 1883 年《彭德尔顿法》的通过，奠定了美国现行文官制度的基础，具有划时代的意义，那么 1978 年的改革则是在此基础上试图进一步完善文官制度的又一次重大努力。

然而，1883 年《彭德尔顿法》的颁布与美国文官制度的建立，只是解决政党分肥制所带来的经常性的政治更迭问题，如何对文官进行管理还未被列入议事日程。20 世纪以来，随着政府规模的扩大与文官人数的增多，文官管理中存在的问题日益突出，对文官进行科学而有效的管理也成为一项紧迫的任务。20 世纪初，联邦政府在工商企业界中的“工作分析”中找到了可以借鉴的经验，于是，美国文官职位分类制度随之产生。从1923年第一个文官《职位分类法》到1949年的文官《新职位分类法》，美国文官的分类逐步走向系统化、科学化与现代化。

美国文官的考核制度在20世纪也不断得到健全与完善。自19世纪末，美国公共机构中就形成了一种“功绩原则”的思想观念。它是美国文官制度的主要原则，同时功绩制的目标、准则与规范也被全社会广泛与明确地认同”。而考核制度又是功绩制的基本内容之一，就是在对文官严格考核的基础上，根据文官的能力，特别是文官的业绩加以提拔与晋升。这不仅能够恰当地对文官进行奖励与惩罚，而且为联邦政府提供了制度化的选才与用才的途径。

在文官管理中，管理机构的建立与健全也是一个非常重要的问题。因此，美国政府从文官制度建立伊始，就把设置“一个超脱和置于政治竞争场所之外的文官管理机构”的任务放在了比较突出的地位。1883年，美国第一个管理文官的独立机构——文官事务委员会诞生。该委员会由三人组成，包括两党成员，委员由总统任命，参议院批准。美国文官事务委员会是一个直属美国总统的独立机构，它不仅总揽文官的考试与其他管理事宜，而且受理文官的申诉案件。这是美国文官管理体制的一大特色。文官事务委员会建立以后，特别是在20世纪不断得到发展与完善，在美国文官的管理中发挥了很大的作用。不过，文官事务委员会既拥有立法权，又掌握裁决权，实际上是一个矛盾的管理体制。因此，第二次世界大战以后，这一机构也受到社会的批评。1949年，根据胡佛委员会的改革建议，美国把文官事务委员会主管考试的权力下放到行政部门和各机关，而文官事务委员会则成为拟定人事法规与指导原则并进行监督的人事机关。1978年，在卡特总统任内，撤销了文官事务委员会，把该机关的职权分成两个部分，分别由新成立的联邦人事管理总署和联邦功绩制保护委员会承担。把文官事务委员会的职能分解开，可以使文官管理机构在职能上更富有专门性，工作效率也因此得到提高。人们认为，1978年的改革，不仅是继1883年《彭德尔顿法》颁布以来改变联邦人事机构性质的最大胆的一次尝试，而且也是美国文官制度发展史上的又一个重要的里程碑。尽管20世纪80年代以来的几位美国总统，包括里根总统和克林顿总统都试图进一步改进文官管理体制，但他们的改革始终没有突破1978年由卡特总统所奠定的框架。

美国文官制度的建立，无论从哪个角度来看，都可以被认为是美国政治生活中一场“真正的革命”。从那时起，特别是在20世纪，美国文官制度经历了社会变革与政治风波的激荡，获得了令人瞩目的发展。

【问题】

1. 加菲尔德总统被刺反映了美国文官制度的弊端是什么？
2. 分析加菲尔德总统被刺后，美国文官制度改革取得突破性进展的原因有哪些？
3. 美国文官制度对我国公务员制度的借鉴意义有哪些？

【分析】

1. 加菲尔德总统被刺反映的美国文官制度的弊端

拥有一套合理有效的政治体制和一支廉洁奉公的行政管理人员队伍，是一个社会稳定、经济发展的国家所必不可少的。美国历史上文官担当了重要角色，文官也可称为公务员，指的是除了选举产生的官员、一般工人及军官以外的所有政府非军事雇员。美国建国之初，政府官职集中在社会上层、有过良好教育的人身上，人称“绅士政府”时期，随着两党制的形成，政党分肥制初见端倪，至安德鲁·杰克逊时代，这种把行政职位作为对政党服务的酬谢的制度在美国全面地建立。

政党分肥制的产生是政党政治发展的直接结果，这种制度在建立之初，对打破“弗吉尼亚王朝”时代上层社会垄断官职的局面，让平民参政及调动官员的政治热情，都起了一定的推动作用。然而，随着时间的推移，其消极影响越来越大。特别是在美国内战以后，党魁势力崛起，他们控制着各级政党机关，并利用手中所掌握的公职拉拢党内的亲信骨干，培植了一个以自己为中心的政党核心小集团，由此逐步发展自己的势力，进而操纵选举，左右地方乃至全国的政局。在党魁政治的作用下，政党分肥制原有的弊端日益严重。美国文官制度的弊端主要有如下几方面。

（1）官员随选举而共进退，缺乏一支稳定的文官队伍，导致了政局的不稳。

在政党分肥制下，官员的选拔和任用完全出于政治考虑，每一次政权易手都会带来官吏的大换班，以致出现了“在民主党政府下面几乎只使用民主党人，正如在共和党政府下面几乎没有民主党人一样”的现象。频繁的大换班带来的问题是明显的，它使政府缺乏一支相对稳定的文官队伍，使行政管理缺乏稳定性与连续性，更严重的是每一次大换班都会带来一股强劲的求职之风，总统和其他部门的官员每天为求职者所缠，严重干扰政府的工作。而有的求职者谋官不成就铤而走险，刚刚登上总统宝座的加菲尔德不幸被一求职未遂者刺杀，成为政党分肥制的殉葬品。这给政局的稳定注入了不利的因素。

（2）文官素质低下，影响政府管理水平。

在安德鲁·杰克逊时代，对公职人员的选拔还比较重视人的才干和责任心，但随着党魁政治的崛起，日益任人唯党、任人唯亲，根本不看重才干和品格。大批无德无能之辈充斥官场，政府官员质量严重下降，名声极坏，被时人称作“冒险家、无能力的人或无赖”；而真正具有真才实学的人却被拒之门外，从而造成了政府效率低下，支出庞大。

（3）贪污腐败的盛行。

在政党分肥制下，那些视官职为肥缺的人深知“有权不用，过期作废”的道理，一旦官位到手，就千方百计在任职期间多捞一点油水；同时为了报答党魁对自己的知遇之恩，他们也不得不利用职权为自己的政党和党魁牟利，否则就有可能丢官。转型时期的经济发展在政治冒险家面前展示了一个空前富饶的政治开拓领域。不完善的财政税收政策使他们有机可乘；公用事业的兴起亦为他们谋取财富和权力提供了机遇。各种公共建筑、合同、公共基金都成了他们和企业界进行交易的有力手段。在第一次世界大战后浓烈的商业气氛中，政界的钻营舞弊达到了不择手段的地步，各种政治丑闻充斥美国政坛。

2. 分析加菲尔德总统被刺后，美国文官制度改革取得突破性进展的原因

自19世纪中期起，就一直弥漫着美国人事制度改革者对“分肥”政治的不满情绪。林肯总统就曾痛斥分肥制对合众国的危害，海斯总统甚至在就职演说中发誓改革文官制度，加菲尔德总统也在就职演说中提出要改革“分肥制”，但改革缘何迟至进步时代才取得成功呢？

进步人士的高明之处是抓住了政党分肥制的要害。政党分肥制能够勃兴，源于对民主理念的诉求。简单地打倒政党分肥制，将有悖于美国的立国根基。要革除这一制度，也必须在民主价值上下功夫。主导改革的进步人士首先从道德上发起攻击。他们认为政党分肥制给美国社会带来的真正罪恶是道德上的罪恶，因为它从源头上对民主体制进行了污染，腐蚀了选民，制造了一种与道德相悖的政治良心，从而削弱了美国的民主根基。

事实上，进步人士在推动政府改革时，其最初关注点不是更高的行政效率，而是更干净的选举和更健康的民主。即便他们对提高效率感兴趣，也是因为其是使政府变得“更民主”的一种表现。在进步人士看来，只有通过政府的高效运作，民主才能得到最好的维护。政党分肥制被功绩制所替代，也是因为人们认为功绩制能更好地体现民主，民主理念构成了《彭德尔顿法》所确立的三项基本原则的共同价值基石。总而言之，进步时代的公务员制度改革自始至终贯穿着一条主线，即对民主理念的坚持与维护。

公务员制度改革能成功，也是因为适应当时主流社会意识形态的发展需要。人们坚信科学和技术会将人类从束缚中解放出来。

进步人士倡导政治与行政二分的理念，认为行政体系纯粹是工具性的，它只是在技术上具有优越性，不宜介入政治的论辩过程。只有这样行政系统才能以科学与理性为行为准则，并由此实现高效的行政运作。改革的结果就是使政府管理具有了职业化倾向，其所蕴含的思想与对技术理性的崇拜不谋而合：政府管理作为一项专门的管理职能，所采用的知识和技能也应是专门化的。在这样一种背景下，前工业时代简单而有害的政党分肥制，自然就被以功绩制为基础的官僚制行政所取代。

公务员制度的改革，也是各方力量相互配合的必然产物。在地位优越的既得利益者看来，虽然改革会使他们的利益受损，但加菲尔德总统遇刺给了他们深重的危机感，他们意识到如果不改革，就会有下一个求职未遂者，而自己或许会成为下一个倒下的加菲尔德。

加菲尔德总统遇刺后，每个阶级和阶层，每天都怀着忧虑、羞辱和憎恶的心情议论这一事件，各地民众相继举行集会，要求废除政党分肥制。如一位美国历史学家所说："进步主义时期及后来有效的社会改良，似乎是靠下层和中层的改良派在一个个具体问题上的建设性合作而实现的。"

3. 美国文官制度对我国公务员制度的借鉴意义

美国文官制度采用功绩制原则对我国公务员的考核制度有着很好的借鉴作用。

（1）划分不同部门公务员考核指标，重视考核实质内容。

我国传统的公务员考核从"德、能、勤、绩、廉"几个方面进行，由上级主管领导书写考核评语报告，结合公务员个人工作总结做出总体的评价，这种考核体系不但没有实际意义，而且会给公务员带来"怠政"的想法，由此带来公务员队伍的低效。借鉴美国公务员考核的方式，对不同部门公务员进行具体的考核指标体系划分，不同的公务员考核指标具体内容由其上级主管领导和组织成员共同制定，从而使考核具有实际意义。

（2）采用多元考核方法，定性与定量结合。

在公务员绩效考核中，我们大多采用定性的考核方法，由于其缺乏客观具体的考核标准，因此准确性比较差。为了能较准确地反映被考核者的实际情况，并尽可能减少人为因素所造成的偏差，应该灵活运用多种考核方法。在考核方法的选择上，要坚持定性考核和定量考核相结合的原则。考核需要以定性考核为主，以定量考核为辅，既要有对公务员表现孰优孰劣进行性质方面的评价，还要有程度、数量方面的评价。在综合公务员具体完成的工作数量、质量、工作成效、群众满意度等定量因素的基础上，确定考核等次，确保考核方法的科学、合理。

（3）重视公务员考核的反馈，强调考核后续效应。

现阶段我国公务员各部门大多"为了考核而考核"，往往在现实考核中采取"轮流坐庄"的方式，大多公务员心中总是认为自己只要不被评为不称职就好，对于考核实际作用并不十分看重，因此考核后并没有采取积极措施进行改进及反馈，没有改进的工作基本也就失去了考核真正的意义。因此考核后应进行清晰的工作反馈，不断改进工作过程中出现的问题，这样将会有利于工作效率的提高。

第二章　我国公务员制度的沿革之路和相应的教学案例

【学习目标】

本章简要回顾我国公务员制度发展的历史进程，阐述我国公务员制度的基本原则；通过与国外公务员制度和我国原有干部人事制度进行对比，掌握我国公务员制度的主要特点。

第一节　我国公务员制度的沿革之路

一、我国公务员制度的形成和发展

根据我国改革开放和现代化建设发展的需要，国家对干部人事制度逐步进行改革。其主要目的是：从我国国情出发，创造一个公开、平等、竞争、择优的用人环境，建立一套干部能上能下、能进能出的充满活力的管理机制，形成一套法制完备、纪律严明的监督体系，开创人才辈出、人尽其才的局面，为实现国民经济和社会发展提供人才保证。

我国公务员制度从准备阶段至今已有40多年的历史，其历史进程大致可分为五个阶段。

1. 准备阶段（1978—1986年）

1980年8月18日，邓小平同志作题为《党和国家领导制度的改革》的重要讲话，提出了“坚决解放思想，克服重重障碍，打破老框框，勇于改革不合时宜的组织制度、人事制度”的号召，拉开了我国干部人事制度改革的帷幕，全国上下开始对干部人事制度各方面进行改革探索。

1984年中组部与劳动人事部分别组成了调查小组，总结几十年来我国干部人事工作的成绩与问题，同时派团考察了不同社会制度国家的官员人事制度情况。在此基础上，着手起草我国人事制度改革方案，几经演变，1986年下半年定为《国家公务员暂行条例（草案）》，至此，公务员制度作为一种新型的干部人事制度已浮出水面。

2. 决策阶段（1987—1988 年）

1987 年 10 月召开中国共产党第十三次全国代表大会，正式宣布我国将建立公务员制度，在国家行政机关推行国家公务员制度。1988 年 3 月召开的第七届全国人民代表大会，提出“要抓紧建立和逐步实施国家公务员制度”，并组建人事部负责推行以公务员制度为重要内容的人事制度改革工作。从此，建立公务员制度上升为党和国家的重要任务，成为政治体制改革的重要内容。

3. 试点和法规形成阶段（1989—1993 年 9 月）

根据中国共产党第十三次全国代表大会和第七届全国人民代表大会确定的建立公务员制度的原则和要求，国家人事部组织力量，对国家公务员制度的法规体系进行深入研讨。从 1989 年开始，国家在审计署、国家税务总局、国家环保局、国家建材局、国家统计局和海关总署这六个国务院部门和深圳、哈尔滨两座城市进行国家公务员制度试点，并在此基础上，进一步修改了国家公务员法规草案。1992 年邓小平南方谈话和中国共产党第十四次全国代表大会的召开，对公务员制度的推行提出更为迫切的要求。江泽民同志在党的十四大上提出要“尽快推行国家公务员制度”。1993 年 8 月 14 日，国务院总理李鹏正式签署颁发了国家公务员管理的第一个基本行政法规——《国家公务员暂行条例》，并决定从当年 10 月 1 日起在全国正式实施。

4. 制度创新和实施阶段（1993 年 10 月—1997 年）

这一时期是我国公务员制度全面实施阶段。为做好实施工作，人事部先后制定了十多个与《国家公务员暂行条例》相配套的单项规定和实施办法，其中较为重要的有《国家公务员制度实施方案》《国家公务员录用暂行规定》《国家公务员奖励暂行规定》《国家公务员辞职辞退暂行规定》等，并按“整体渐进、分步到位”的思路，结合机构改革，积极稳妥地进行实施工作。《国家公务员暂行条例》以及与其相配套的单项规定实施办法，奠定了中国公务员制度录用、考核、奖励、晋升、培训、交流、回避、辞职辞退、退休、申诉控告、工资保险福利等的法律基础，公务员制度在全国范围内基本建立。

5. 制度完善和依法管理阶段（1997 年 10 月至今）

党的十五大根据经济体制、政治体制改革的要求，提出要“深化人事制度改革，完善公务员制度，建立一支高素质的专业化国家行政管理干部队伍”。这一时期完成了从原国家行政机关干部向公务员的过渡，实现了其身份的转变；国家与地方人事部门制定了多项规章和细则并付诸实施；转变了政府职能并精简了组织机构和人员。2005 年 4 月 27 日，第十届全国人民代表大会常务委员会第十五次会议通过《中华人民共和国公务员法》，并于 2006 年 1 月 1 日起实施。公务员法正式实施以后，各级组织与国家机关的人事部门，依法开展人事管理工作，修订原人事管理的法规与细则，制定新的人事法规与细则，使干部人事工作既有法可依，又有章可循；各级组织与国家机关的人事部门，充分认清了干部人事工作在“十一五”与“十二五”时期的社会管理和经济发展中所需要发挥的重要作用。

二、我国公务员制度的特点

中国公务员制度针对传统干部人事制度的弊端，在吸收借鉴了古今中外人事管理经验和方法的基础上，延用市场经济、民主政治中人事管理普遍遵循的原则和基本要求，建立了基本适应改革开放形势和市场经济发展需要的现代干部人事制度。其核心特征是通过竞争性的录用、晋升和富含激励的制度确保用人唯贤。无论是性质还是特点上，都与计划经济时期的干部人事制度和封建时期的职官制度有明显不同。

我国公务员制度与我国传统官吏制度有显著区别，由于其产生的政治、经济和社会背景完全不同，其性质和特点也完全不一样。概要分析如下。

1. 价值取向不同

封建社会的君主专制政体下，建构官吏制度的目的是维护王朝的统治地位。而建立在“主权在民”基础之上的现代国家，政府的职责是服务人民，维护人民的平等与自由。现代公务员制度的目的是创造公平竞争的环境，选拔优秀人才，提高行政效率，更好地为人民服务。

2. 官吏与国家的关系不同

封建社会的官吏是君主的家奴，只有服从皇帝命令的义务。官吏的任用及生杀予夺，均由君主决定。现代社会的公务员与国家机关有明确的权利和义务关系。国家机关对不能认真履行法定义务的公务员可以依法辞退，对违纪的公务员可以给予处分；公务员对工作不满意时，可以依法辞职，当法定权益受到侵害时，可以依法进行申诉和控告。

3. 管理方式不同

封建社会，国家机构、官位的设置和官吏的任用都以皇帝的意志为转移，官位可以作为“礼品”赠予或接受，官吏的奖惩、职位升降很大程度上取决于君主的意志。而在现代社会，公务员的选拔任用、职务升降、培训、退休等各项管理都有健全的法律法规，依法进行并接受社会的广泛监督。

与先前的干部人事制度相比，当前公务员制度的优越性主要体现在以下几个方面。

1. 体现了分类管理的原则

公务员制度适用于公务机关，与企业、事业单位的人事制度相区别，改变了以往无论哪类干部均按一个模式管理的情况。因此，公务员制度的建立，不仅标志着中国特色的干部人事制度的形成，也标志着我国干部人事分类制度的确立和形成。

2. 具有竞争激励机制

在机关公务人员“进口”上，公务员制度改变了以往“统分统配”、凭组织或个人介绍进入机关的做法，建立了“凡进必考”机制，实行了公开考试、严格考核、择优录用的办法，这是对传统机关进人方式的重大改革。公务员的晋升，须听取群众意见，经过严格考核，特别强调注重工作实绩，把功绩制原则引进公务员晋升制度，保证按照德才兼备的用人标准选拔人才。

3. 具有新陈代谢机制

公务员制度在健全退休制度的同时，增加了“出口”渠道。如对部分职务实行聘任制；对不同职务规定最高任职年龄后，如不能继续晋升的，可以改任非领导职务，或者到企事业单位工作；公务员可以按照规定辞去职务；实行多种形式的交流制度等。这些措施和办法，有利于公务员能上能下、能进能出，增强了公务机关的生机和活力。

4. 具有廉政保障机制

公务员制度把廉政的要求贯穿和体现在公务员的纪律、晋升、考核、奖惩、回避等各个单项制度之中，这些制度又从提高干部队伍素质和健全干部管理制度两方面来促进公务机关的廉政建设。

5. 具有勤政保障机制

公务员制度通过职位分类明确岗位责任，通过定期考核分出等次，区分工作水平的优劣，并将考核结果与是否奖惩、是否升降、是否晋级增资挂钩，做到功过分明，克服“干好干坏一个样”的弊端，从而提高行政效率。

6. 具有健全的法规体系

除《中华人民共和国公务员法》（以下简称“公务员法”）这一基本法律外，我国的公务员制度还包括与之配套的单项法规及实施细则，这样便构成了一套健全的法规体系，使公务员管理有法可依，从而有效地提高我国公务员管理的规范化、法制化水平。

我国现行的公务员制度是根据我国的实际情况，在总结历史实践经验的基础上，为适应社会主义市场经济的发展和改革开放需要而改革完善的，其深深地植根于我国特定的政治、经济和历史文化中，是具有中国特色的公务员制度。它不同于其他国家的公务员制度，具体表现在：必须坚持党的基本路线；必须坚持党管干部的原则；必须坚持德才兼备的用人标准；必须坚持为人民服务的宗旨；我国的公务员不存在“政务官”与“事务官”的划分。

三、我国公务员制度的基本原则

建立公务员制度，必须坚持以经济建设为中心，坚持四项基本原则，坚持改革开放的基本路线，必须继承和发扬我国干部人事制度的优良传统，吸收我国干部人事制度改革的成功经验，与此同时，还应从我国的国情出发，学习和借鉴国外人事管理方面某些好的经验和做法。这些内容贯穿和体现在了我国公务员管理的一系列原则中，具体而言，包括以下五个方面。

（1）公平竞争原则是公务员制度的基本原则之一。竞争在国家公务员制度中是公开、平等的，所有考试、考核、录用等程序都是公开进行的，并且所有报考的人员不受性别、家庭出身、民族、宗教信仰等限制，并逐步打破地域、身份的限制。竞争机制是我国公务员制度的核心内在机制，它贯穿公务员制度的始终。

(2) 监督约束与激励保障并重的原则既是公务员制度的一项基本原则，也是调动公务员工作积极性、保持公务员队伍廉洁的重要手段。

(3) 功绩制原则是西方国家在反对封建特权和政党分肥制以实现担任公职机会均等的过程中建立起来的。我国关于公务员任用原则的规定，体现了功绩制的精神，但又不局限于功绩制的内容，其含义更为丰富。具体而言，包括任人唯贤、德才兼备和注重工作实绩。

(4) 分类管理是公务员制度中的一种科学管理方法，公务员法贯彻了分类管理的思想和原则，主要体现在以下三个方面：一是根据职位的性质、特点和管理需要，将公务员职位划分为综合管理类、专业技术类和行政执法类等，再根据职位类别设置不同的职务序列。针对不同类别的公务员，采取不同的管理办法。二是根据产生、任免方式及管理主体的不同，将公务员分为领导成员和非领导成员。两者除了产生、任免方式不同，在一些具体的管理环节上也有所不同。三是根据任用方式的不同，将大部分公务员分为委任制和聘任制，部分领导成员通过选举产生，即选任制。聘任制公务员的管理办法与委任制公务员的管理办法有很大区别，所以公务员法第十六章对职位聘任做了规定。

(5) 党管干部原则是社会主义国家干部人事制度坚持的根本原则，是我国公务员制度的基本原则之一，是党的组织路线为政治路线服务的重要保障。通过把党的组织路线、方针、政策按一定程序转化为行政机关人事管理的法规来对政府机关工作人员进行管理。

第二节　我国公务员制度沿革的教学案例

教学案例 1

我国公务员法出台背后的争论①

我国推行公务员制度已有 10 余年，实践证明，公务员制度是适合中国国情的一项好制度。从颁布《国家公务员暂行条例》(简称“暂行条例”) 到制定公务员法，标志着我国公务员管理制度日臻完善。那么，我国为什么要从《国家公务员暂行条例》过渡到公务员法，其背后又有哪些影响因素呢？接下来，我们将从国内、国外背景因素来探讨我国公务员法的出台。

① 宋世明．中国公务员法立法之路［M］．北京：国家行政学院出版社，2004。

一、公务员法出台的国内背景

有人说中国是公务员制度的故乡，但是实际上我国现代公务员制度建立的标志是1993年10月1日《国家公务员暂行条例》的实施。但是暂行条例实施以来，有些问题解决得不太好，所以进一步出台公务员法成为当务之急。

第一个问题是《国家公务员暂行条例》权威性不够，如1994—2005年，政府机关录用公务员应当采用“逢进必考”，但在实践过程中并没有严格执行，导致录用人员素质没有保障。

第二是公务员没有进行分类管理。发达国家的公务员群体一般都进行了分类管理与使用，如美国联邦政府中有1/8的公务员是科学家，美国的食品、药品监督管理局中有1/3是科学家。但那时我国公务员都是大类管理，这就导致一些专业技术岗位公务员的晋升、薪酬、考核等管理只能参考一般管理，伤害了一些专业公务员的积极性。

第三，1993—2005年，公务员的收入领域存在着突出的矛盾，同一级政府不同的部门公务员的收入不一样，这就是大家所熟知的工资不阳光的问题，而不一致的焦点就是补贴，亟需进一步规范该问题。要解决公务员收入分配领域中的突出矛盾，公务员的工资就必须法定化，不允许有类似“小金库”之类的不透明补贴的存在。

除此之外，还有一些类似公务员权利和义务失衡等问题。公务员法就是为了解决上述问题，并且社会上也有三种合力推动着公务员法的出台：一是老百姓希望我们国家有一个服务更好的公务员队伍；二是公务员也是公民，公务员也需要保护自己的合法权益，实现自己的合法利益；三是塑造公务员的公共精神，这是公务员的价值定位。

二、公务员法出台的国际背景

20世纪80年代末90年代初以来，国际上出现了一种公务员制度改革的浪潮。首先，所有当代西方发达国家的公务员制度改革进入一个活跃期。其中，公务员制度改革力度比较大的国家，如澳大利亚、新西兰、英国、瑞士等，废除了传统的公务员法而颁布了新公务员法；改革力度较小的国家，如法国、德国、日本等，局部改革了公务员制度，但未改变基本制度和原则。其次，20世纪90年代后实行市场经济体制的原苏东社会主义国家，如波兰、乌克兰等，废除了原有的干部制度，仿效西方模式建立了公务员制度并制定公务员法。中国公务员制度的实践只有二十余年时间①，如何在国际大背景下把握《中华人民共和国公务员法》的制度设计，是一个必须要做出明确回答的问题。

公务员制度最早诞生于英国、美国等西方国家，经过百余年的发展，公务员制度已经形成了比较稳定的特征。20世纪80年代末90年代初以来的西方公务员制度改革

---

① 《国家公务员暂行条例》1993年8月14日中华人民共和国国务院颁布，自同年10月1日起实施，到2005年4月《中华人民共和国公务员法》的通过，历时12年。

在某些方面进行了截然不同的重大方向性调整。终身制的用人制度逐步动摇，公私部门的人事管理边界逐步模糊，职位分类与品位分类逐步融合，绩效工资开始侵蚀职级工资制度。个别国家如新西兰甚至放弃了公务员制度，1988 年的《政府部门法》代替了公务员法；美国佐治亚州于 1996 年也废止了文官制度。这些变化间接影响我国公务员立法中的若干制度设计。在公务员立法的过程中，必须处理好立足中国国情与把握当代国际化公务员制度改革的大趋势之间的关系。否则，在制度设计时会陷于无所适从的尴尬境地。我国公务员立法的主要使命不是从“职业型”公务员制度迈向“职位型”公务员制度，而是在“职业型”的框架内，立足解决中国干部人事管理的突出问题，针对当代西方公务员制度的“共时特征”采取“补课”的态度；针对当代西方公务员制度中的“历时特征”，适当设置一些弹性化的制度安排，为下一步的发展留出充分的空间。

三、在国际化公务员制度改革大趋势中把握中国公务员法的重要制度设计

（一）稳步改革人事管理体制：以结果换取权限下放

西方多数国家普遍下放公务员管理权限，以增加地方与部门人才资源开发的积极性、主动性与灵活性。我国也存在下放公务员管理权限的问题。如《国家公务员暂行条例》规定，地方各级国家行政机关国家公务员的录用考试，由省级人民政府人事部门负责组织。当前，省以下许多地方政府认为录用权限过于集中，纷纷要求将录用考试组织权限下放到设区的市级政府人事部门。我国现行的公务员管理体制既存在管理权限过于集中的弊端，又面临公务员管理机关权威不够的难题。通过公开竞争性考试来录用公务员是公务员制度确立的一个标志。在我国，“凡进必考”是从源头上把住公务员素质关的重要环节。但自 1993 年以来，我国政府新进主任科员职级以下的公务员中有 38% 没有经过录用考试。而且，政府层级越低，通过录用考试进入行政机关的比例越低。组织权限的下放不一定带来录用考试质量的提高，不一定能保证用人部门能得到合适的人才，不一定能提高人才资源开发的有效性。因此，下级必须以满意的结果，换取上级政府的权力下放，这是调整政府纵向间公务员管理权限比较稳妥的思路。即使法制健全的西方国家，在下放人事管理权限的同时，也不忘通过预算控制、编制控制、绩效合同管理加强宏观调控。

（二）创新公务员分类制度：兼顾品位分类的合理因素，增加职位分类的内涵

长期以来我国的干部人事制度实行的是以品位分类为特征的制度。自 1993 年以来，公务员制度实施的职位分类，如领导职务与非领导职务的区分，仍然有品位分类的色彩，品位观念在人们头脑中至今依然根深蒂固。因此，现实的选择是兼顾品位分类的合理因素，以增加职位分类的内涵为导向，在公务员分类管理方面有所突破、有所创新。划分职位类别是我国公务员分类管理的突破口。在此基础上，根据职位性质和特点分别设立公务员职务系列，明确职务层次，增加级别设置，重新规范职务层次与级别的对应关系，从而确立我国公务员分类管理的基本框架。

（三）完善常任制与聘任制相结合的制度：慎重探索公务员任用制度

20 世纪 80 年代以来，西方公务员制度借鉴现代企业对从业人员进行合同管理的经验，越来越多地采用聘任制公务员，出现了一种淡化职业化、强调专业化的发展趋向。我国也需要增加对公务员的弹性管理、增强公务员队伍活力、吸引专门人才。在扩大聘任制公务员范围这个问题上，我们应格外慎重。提高公务员的专业化水准，对我国公务员制度来说是一项极其重要的任务。职业化是专业化的前提，应强调常任制是我国公务员最基本的任用制度，聘任制只处于辅助性、从属性的地位。因此，在公务员立法中只为聘任制开启一道门缝，为下一步的发展留有余地就足够，特别应明确，高度专业化的职位与高度社会通用的职位在招录人才时，以聘任制为重点。

四、公务员法的立法思想与立法目的

（一）公务员法要解决的问题

解决实践当中的突出问题，是公务员法立法的现实切入点。

（1）立法层次较低，公务员制度权威性不够。

我国自实行公务员制度以来，是靠《国家公务员暂行条例》来实施对公务员的管理的，条例的权威性远远低于法律的权威性。以“凡进必考”制度的实施为例，2002 年湖南省某县有公务员和参照执行的公务人员 2373 人，其中 1997 年以来新增加的公务员 1021 名，通过考试录用进入的只有 84 人，其他则是通过调任、转任等形式进入。

（2）对公务员始终没有进行分类管理。

我国没有专业技术类公务员，对经济发展已经造成了很大影响。相关数据表明，国外技术性贸易壁垒已影响到我国 2/3 的出口企业，2/5 的出口产品。每年造成 200 亿美元的损失。要建立服务型政府，如果没有专业技术类公务员，怎么应对经济建设中的这类问题？

（3）激励机制不健全，公务员制度活力不足。

基层公务员的职业发展空间在哪里？要塑造公务员的“公共精神”就应该为所有公务员提供公平的职业发展机会。中国公务员制度设计不能只为少数公务员服务。要实现社会公正，包括要在公务员队伍中实现公正，就要在职位晋升之外，为公务员寻求另外一个职业发展的阶梯。

（4）人事立法滞后于实践的发展。

自社会主义市场经济体制建立以来，公务员的人事立法滞后于实践发展的状况便日渐凸显。因此，公务员法的出台是大势所趋。

（二）立法思想

公务员法的立法思想总结起来有四点。

（1）以《国家公务员暂行条例》为基础，着力解决公务员管理实践中的突出问题，建立中国特色的公务员制度。

（2）将1993年以来干部人事制度改革中的成功经验与做法法律化。

（3）将符合时代特点、原先又缺乏的人事管理制度予以补充创新。

（4）为未来发展留有余地，为地方和部门的探索创新预留空间。

公务员法的出台不仅是为了解决上述四大问题，还有一些重大问题同样寄希望于公务员法。

比如领导能上不能下，这是我们国家始终没有解决的问题。邓小平同志在世时确立了干部退休制度，这一制度解决了党政领导干部“活到老，干到老”的难题，但没有解决“不到退休，决不辞职”的难题。只要不退休，党委及其组织部门就必须继续为其安排职位，干部还要不断地晋升，这是一块硬骨头。公务员法要解决这个难题，公务员法第四十条规定：“领导成员职务按照国家规定实行任期制。”任期制作为退休制度的一个延伸，可以较好地建立起党政领导成员的更新机制。这在中国干部人事管理工作中具有里程碑的意义。

五、公务员法立法中的重大争议

（一）公务员的范围到底有多大?

立法过程中争议最大的问题之一是公务员的范围。

公务员法第二条：本法所称公务员，是指依法履行公职、纳入国家行政编制、由国家财政负担工资福利的工作人员。这是公务员的定义。按照这个定义，将以下七大机关的工作人员通通纳入公务员队伍：中国共产党机关的工作人员、人大机关的工作人员、行政机关的工作人员、政协机关的工作人员、审判机关的工作人员、检察机关的工作人员、民主党派机关的工作人员。这七大机关工作人员是纯粹的国家公务员。

公务员的范围在立法过程中争议的焦点是：中国共产党的机关工作人员是否纳入公务员的范围?

争议点之一：

反对方意见：根据宪法，党的机关不属于国家机关。

赞同方意见：虽然党的机关不属于国家机关，但《中华人民共和国刑法》中对贪污贿赂罪的规定中为何将党的机关工作人员视为国家工作人员？而且现实生活中这样的案例比比皆是。比如原北京市委书记陈希同就是党的机关工作人员，所判罪行即玩忽职守罪。

争议点之二：

反对方意见：如果纳入公务员范围，就会出现党与人大的关系如何协调等一系列复杂问题。各级人大是公务员法的执法机关，在进行执法检查时，就会出现中共中央总书记、省委书记、市委书记、县委书记向全国人大党委会委员长、各级人大常委会主任汇报工作的情形，这在我们国家的政治实践中从未出现过。

赞同方意见：执政党必须在宪法和法律的范围内活动。过去没有出现的事情，将来就一定不会出现？过去没有的规则，将来就一定不会进行调整？

争议点之三：

反对方意见：不利于体现分类管理。1993 年出台《国家公务员暂行条例》就是为了分类管理。党的十三大就决定要人、事分离立法，法官有《中华人民共和国法官法》，检察官有《中华人民共和国检察官法》，行政机关先有《国家公务员暂行条例》，后有公务员法，一清二楚。

赞同方意见：问题在于党的十三大以来我们没有这样做，而是在一部《国家公务员暂行条例》的框架下，参照该条例进行管理。实践表明，这种参照该条例进行管理的方式各方面都比较适应，党的机关工作人员、行政机关的工作人员、人大的工作人员无论工作性质、工作方式、工作心态并没有本质的区别。所以，可以先形成一个统一的公务员范围，在这个大范围下再进行分类管理。

（二）是否区分政务类与业务类？

1. 西方国家官员通常分为政务类与业务类

西方国家的官员分政务类和业务类，这是经过一个漫长的过程才形成的。其执政党的执政理念经过了两个时期。

第一个时期，政治民主化，管理也必须民主化。管理民主化即“一朝天子一朝臣”。新政党上台，有权力分配天下所有的公共职位，把以前的官员全部换掉，安排自己的人，称为“政党分肥制”。但这样的制度不利于提高公务员的素质与专业化水平，不利于政局的稳定，也不利于政治家的人身安全。

西方国家被迫建立公务员制度，于是执政理念迈入第二个时期。

第二个时期，政治民主化，管理科学化。管理科学化即铁打的业务类，流水的政务类。总统、首相、州长、市长通过选举产生，但业务类队伍（即公务员）必须高素质、专业化、常任制，不能随便流失，不能与政务类官员形成人身依附关系。

西方国家政务类与业务类的范围：政务类包括国家元首、政府首脑、内阁成员及行政首长、国会议员及一些特别职位。业务类包括依法考试录用的公务员。

2. 争议点

主张不实行分类管理的认为中国国情与西方国家不同，中国公务员与西方公务员相比有以下特点：我国不实行政治中立，公务员岗位的权力来源统一，交换任职没有制度上的障碍，而西方公务员实行两官分途，政务官和事务官无论从权力还是制度规定都有本质区别。

主张实行分类管理的认为：现实生活中已经存在政务类和业务类两类人员。1987 年，党的十三大报告就提出分政务类与业务类两类人员。1998 年以来实行管辖分类，两条线管理。1993 年有了政府组成人员与非政府组成人员。

现实中的两类人员如下：各级党委及其组织部门管理的党政领导干部，各级机关党组织或领导集体及本机关内设人事机构管理的党政机关干部。

（三）是“废除非领导职务”，还是“改造非领导职务”？

这一点的争议主要为两种思路。

一种思路认为，干脆取消非领导职务，因为非领导职务没有明确的职责界定，就是一种解决待遇的手段。担任非领导职务的人虽获得了待遇，却失去了工作的平台；而担任领导职务的人也对承担责任的人和不承担责任的人都是一样的经济待遇感觉不平衡。另一种思路认为，不取消但要改造。双方争论得很激烈。当最后决定要把非领导职务拿掉的时候，那些主张取消非领导职务的同志开始动摇，不完全坚持原先的观点了。

为何会出现这样的情况？对于公务员而言，既要有职务，又要有级别，职务是公务员应该完成的工作任务，是机关对公务员职权、职责的委托。非领导职务只是没有领导职责，但是有岗位职责，正常地履行职责，就能获得社会、老百姓的尊重。

参照国外的经验，再根据我国实际情况，争议之后，大家形成一个共识：应该以职位分类为导向，不能以品位分类为导向。这不仅是为了避免我国传统的“官本位”的思想的影响，也是为了与国际公务员制度的发展趋势相一致，因此最终采取“改造非领导职务”的思路。

公务员法第十六条中就规定了“国家实行公务员职位分类制度”。以职位分类为导向、以优化管理为目的、以激励保障为主线。

（四）男女是否同龄退休？

1. 争议点

在公务员法的立法过程中，群众关于男女是否同龄退休这一问题一直争议不断，一部分人要求实现男女有同等的劳动权。

理由有三：

第一，女性公务员现已占到公务员队伍当中的20%，她们是公务员队伍当中宝贵的人才资源。男女不同龄退休，不但造成女性人才资源的浪费，在职业发展上，对女同志也有一定的影响。

第二，男女不同龄退休，减少了女性公务员的退休待遇，因为退休待遇是根据服务年限确定的。

第三，男女不同龄退休，不符合国际通行惯例。1999 年美国曾做过一项测评：世界上实行公务员制度的国家和地区有 160 个，其中 96 个国家和地区实行男女同龄退休制度，占被测评国家的60%。而在 160 个国家和地区中，男性公务员平均退休年龄为 60.5 岁，女性公务员为 58.6 岁。我们国家男女退休年龄差相对而言超过了国际上大部分国家的男女退休年龄差。

2. 大势所趋，慎重选择

根据我国的基本国情，有一个问题必须引起注意，就是男女同龄退休对劳动力市场可能产生影响。

如果仅仅是在七大机关的公务员中实行男女同龄退休，每年占5.7万个工作岗位，城镇失业率会提高0.02%，影响不大；如果事业单位参照执行，每年要占24万个工作岗位，城镇失业率会提高0.09%；如果企业再一跟进，每年则要占96.3万个工作岗位，城镇失业率将提高至0.35%。

【问题】

1. 我国实施公务员法存在哪些难点？
2. 公务员法有哪些制度创新？
3. 阐述西方公务员制度改革对我国公务员立法的启示。

【分析】

1. 实施公务员法的难点分析

公务员法是我国干部人事管理的第一部带有总章程性质的法律。公务员法的出台和实施，在我国干部人事管理工作历史中具有里程碑的意义，对于贯彻依法治国方略和推进社会主义民主政治建设也具有重大意义。但是实施公务员法，也存在一些难点，需要我们研究解决。

（1）合理界定公务员范围依然是一个难点。

只有具有公务员身份，才能享受公务员权利，履行公务员义务。公务员法 第二条规定：本法所称公务员，是指依法履行公职、纳入国家行政编制、由国家财政负担工资福利的工作人员。公务员的这三个特征中，纳入国家行政编制是其核心特征。纳入国家行政编制的工作人员要依法履行公职，其工资福利由国家财政负担。但是，我国目前并没有编制法，编制管理工作离规范化、科学化、法制化的距离还比较远。国家行政编制不是由法律来确定的，一般是通过部门“三定规定”（定部门职责、定内设机构、定人员编制）明确的。目前，从中央到地方，机关中普遍存在行政编制与事业编制混用的现象。同是在行政机关工作，有的是行政编制，有的是事业编制。从长远看，尽快出台编制法是治本之策；从近期看，要正本清源，合理认定机关中的行政编制与事业编制。同时，需要明确参照公务员管理的范围。公务员法第一百一十二条规定：法律、法规授权的具有公共事务管理职能的事业单位中除工勤人员以外的工作人员，经批准参照本法进行管理。究竟如何解释具有公共事务管理职能，各方的意见还不一致，试图参照公务员法管理的事业单位也很多。因此，亟须拟制专门文件就参照管理的工作人员标准、审批程序、审批部门做出明确规定，以防参照管理范围扩大化。建议及时公示被批准参照管理的事业单位，接受社会监督。现实中，由于行政编制比较紧张，出现了大量的事业单位承担行政职能的现象。建议政府相关部门以实施《中华人民共和国行政许可法》公务员法为契机，适当扩大行政编制数额，在对这类事业单位工作人员进行清理整顿之后将其纳入行政编制，按照公务员管理，或将承担行政职能的事业单位改造为“行政执法机构”，可考虑单独设立行政执法编制，区别于行政编制、事业编制，由编制管理部门统一实施。

（2）合理确定专业技术类、行政执法类职位的适用范围，是实施公务员法的又一难点。

公务员法规定：公务员职位类别按照公务员职位的性质、特点和管理需要，划分为综合管理类、专业技术类和行政执法类等类别。这是从法律上首次确定公务员分类管理的思路。如何确定专业技术类职位与行政执法类职位的适用范围，这是实施公务员法亟须解决的又一难点。公务员法规定：各职位类别的适用范围由国家另行规定。

2. 公务员法中的制度创新

公务员法是中国政治体制改革的一个关键点。公务员制度是一个国家基本的政治制度，公务员法属于一个国家的基本法，公务员法将起到调整重大社会利益关系的作用。

改革开放以来，我国政治体制改革的亮点一是行政改革，二是干部人事制度改革。如果把政治体制改革比作一个面，那么干部人事制度改革就是一条线，而在这条线上有一个关键点、突破点，即 2006 年 1 月 1 日起开始实行的《中华人民共和国公务员法》。公务员法在干部人事制度改革中有以下几方面突破。

（1）公务员分类管理迈出第一步。

（2）创设职务晋升与级别晋升的“双梯制”，创新激励保障机制。广大基层公务员难以依靠职务晋升得到有效激励，“双梯制”的创设主要是为了解决基层公务员的职业发展空间小的问题。

（3）突出“凡进必考”，创新更新机制。严格规范考试录用制度，缩小调任范围，只有公职人员才能调进公务员队伍中来，私营企业、社会中介组织的人员要进公务员队伍有四条途径：录用考试；职位考试；公开选拔；选任制（选举任命）。

（4）创设领导成员任期制。改革开放以来，我国探索的任前公示制、任职试用期制度、聘任制、辞职制度、降职制度、调整不称职干部制度、民主测评制度、竞争上岗制度，在推动“能上能下”方面发挥的作用是有限的。创设领导成员任期制就是为了解决领导成员能上不能下的问题。

教学案例 2

“公考热”的冷反思

党的十八大召开以来，反腐倡廉成为近几年的热门词。新一届中央领导集体的反腐决心之大、力度之强实为罕见。中央先后颁布了“八项规定”“六项禁令”等一系列整风肃纪的纲领文件，查处多名省部级“大老虎”，在社会上赢得一片赞誉，整风肃纪似乎已成为一种“新常态”。

在中央如此强力反腐、规范公务员队伍的情况下，“公务员报考热”这一持续十余年的火爆状态是否会遇冷？公开资料显示，2017 年国考全国 120 多个部门申报的 27061 个录用计划吸引了 148.63 万考生报考，98.4 万人实际参加了考试，参加考试人数与录用计划数比例约为 36∶1，最热竞争职位比已达 9837∶1。2018 年 3 月 24 日江苏省 2018 年考试录用公务员笔试正式开考。2018 年江苏省计划考录 8559 名公务员和参照管理单位工作人员，全省共 32 万多考生报名成功参加笔试，最高竞争比为 1060∶1。由此可见，公考不但没有遇冷，反而还在持续升温。

公考被称为“千军万马过独木桥”，成为继高考、考研之后竞争最为激烈的考试。而今多个省份举行公务员招录笔试，公务员报名人数再创新高，从中可以看出公务员考试的热门程度。

“朝为田舍郎，暮登天子堂”向来都是历代知识分子的期待和向往。正因此，承载着为国选才与个人成长蜕变重任的公务员考试也成为“万众瞩目”的话题。2018 年国考报名人数统计汇总如表 2－1 所示。

表 2－1　　2018 年国考报名人数统计汇总（按部门性质）

部门	职位数	招录人数	报名合格人数	合格职位	竞争比
中央党群机关	197	275	29409	—	106.94∶1
中央国家行政机关	390	723	59448	—	82.22∶1
中央国家行政机关直属机构	12662	23663	1069728	107	45.20∶1
国务院系统参照公务员法管理事业单位	2895	3872	225272	72	58.17∶1
汇总	16144	28533	2767714	179	97.00∶1

资料来源：中公教育从中央机关及其直属机构 2018 年度考试录用公务员专题网站统计的数据。

一、公考热的表现

自 20 世纪 90 年代以来，我国逐渐建立公务员考试录用制度，每年招考公务员的职位数量、报考人数与日俱增，公务员考试热潮逐渐兴起、蔓延。公务员考试热主要表现在以下几方面。

（一）招考职位和招考人数日益增加

近年来，各级公务员录用考试中，招考职位数额和报考人数日益增加。如 2013 年“国考”职位表中招录职位共计 12901 个，招考人数首次突破 20000 人，达20839人，较 2012 年增加 16%，为历年之最。

（二）报考人数持续攀升

在招考职位数额和招考人数不断增长的同时，报考公务员的考生人数持续攀升，录用比不断扩大。资料显示，从 2001 年开始至今，国家公务员报考人数平均以每年 20% 的速度递增。2013 年，国考审核通过的报考公务员的人数高达 149 万人，实际参加考试人数近 111.7 万人，录用比为 53∶1。

（三）热门岗位趋之若鹜，冷门岗位门可罗雀

公考职位冷热不均现象日益凸显，不同地域、部门、岗位的职位，往往出现报考人数冰火两重天的现象。热门的公考职位集中在税务、海关、人事、财政及发展和改革委员会等“权势”部门，而气象、地震、煤矿安全监察、海监等“清水衙门”的报考人数较少，甚至无人问津；经济欠发达地区和偏远地区如宁夏、内蒙古、西藏、新疆、贵州、云南等地，以及工作条件艰苦、薪酬待遇偏低、限定最低工作年限的岗位，报考人数相对较少。如 2010 年国考，海关系统受考生狂热追捧，报考人数最多的十大职位中海关系统职位占据前九位，其中广州海关和深圳海关报考人数最多。2013 年国考中，有 109 个招录职位的报名比例超过 1000∶1，有 132 个职位无人报考或无人通过资格审查，这些职位大多数为艰苦边远地区或特殊专业职位。

（四）“考碗族”蔚然成风

近年来，持续火爆升温的公务员考试热催生了特别的族群——“考碗族”，中央和国家机关公务员被称为“金饭碗”，直辖市和各省级公务员是“银饭碗”，地市级是“铜饭碗”，乡镇街道一级是“铁饭碗”。相关调查中问及“如果你同时公务员考试成功、选调生考试成功、考研成功或签约了中意的企业，您的第一选择”时，选择“公务员”和“选调生”的被调查者所占比例位居前两位，分别占总人数 38.18% 和 15.76%。问及“假如你已经找到称心如意的工作单位，你是否还想再考公务员”时，仍有 30% 的被调查者选择“会考，不考上誓不罢休”。

二、公考热的原因

有人说，考上公务员就是“登上天子堂”，从此就可以出人头地；也有人说，进入体制内，就可以一杯茶、一张报纸过一天，衣食无忧、享受人生，这是传说中的公务员生活，现实中有公务员抱怨：“没有周末，白天有事白天到，晚上有事晚上到。”公务员的工资不高，增幅也比较慢，一个其他行业工龄 10 年以上的工作，工资往往会比公务员更高。既然赚得少，为何还是有人挤破头往里钻？

《新京报》曾对“选择参加公务员考试的原因”这一问题做过调查，结果显示 6382 人中有 85.4% 的人选择了“工作稳定”，有 83.4% 的人选择了“福利待遇好”。前者对应公务员是事实上的“铁饭碗”，拿到手后就不容易掉；后者对应公务员是事实上的“金饭碗”，拿到手后基本生活无忧，而且“社会声望高，受尊重”（有 56.4% 的人选择），“权力较大”（有 37.1% 的人选择）等。

公务员考试热的原因复杂多样，不仅包括外部宏观环境，也与公务员的职业特点

和身份保障、考生自身素质与心态等息息相关。

1. 外部宏观环境

（1）政治环境。政治环境涉及国家的政治架构、国体、政体、政党制度、法律法规、政治生活民主化、干部人事制度、利益团体、政府宣传教育等各方面。

（2）经济环境。经济环境涉及生产力、生产关系、经济制度、经济政策、经济体制、产业结构、企业经营发展状况、收入分配制度、劳动力市场与就业形势、生活水平、人口与资源等因素。

（3）社会文化环境。社会文化环境涉及社会群体、社会结构、风俗习惯、伦理道德、信仰和价值观念、哲学思想、行为规范、生活方式、文化传统、人际关系、科学技术、文化教育、社会舆论、媒介环境等因素。公务员考试热，与长期形成的“学而优则仕”“官本位”等传统思想密不可分。

（4）家庭环境。当代大学生的家庭教育状况、家庭财产与收入状况、家庭背景、家庭关系、家人期望，以及家庭成员的素质、结构、职业等因素对其考公意愿、热情、动机、目标等具有一定影响。考生的家人、亲戚和朋友希望他们参加公务员考试，因为他们知道，参加公务员考试需要投入的物质成本很小，只要交上为数不多的报名费，参加公考辅导班，或者购买公考的参考资料并复习即可。一旦考上了公务员就可以跳入龙门，改变命运，各方面的好处就会随之而来，而自己由于和考生有着千丝万缕的联系，也会跟着沾光。

2. 公务员职业特点与身份保障

公务员职业具有政治性、公共性、法制性、规范性和相对稳定性等特点，低辞退率在一定程度上增加了公务员这一职业的吸引力。身份保障具体有以下几个方面。

（1）稳定的“铁饭碗”。在这个迅速发展的社会，每个人都顶着多方面压力，包括教育、养老、医疗、户口、住房……每一项都可以触发人们的“生存焦虑”。特别是对年轻人来说，压力更是成倍放大。近年来，在经济持续多年高增长的背景下，老百姓生活的安全感并未与收入同步增长。恰恰相反，由于社会保障制度不完善等种种因素，担心收入下降、失业、养老生病等焦虑心理，在人群当中十分普遍。因此，在当前社会转型时期其他许多职业的竞争性和风险性越来越大的对比之下，公务员这种高稳定性、高福利性和高声望性的职业更具吸引力。国家公务员相对而言，工资水平虽然中等，但是收入稳定，不像在私企，还要考虑会不会倒闭。在黑龙江大学教授石敏看来，公务员工作的高度稳定性是催生“公考热”的一个关键因素。据国家人事部门统计，我国公务员的被辞退率约为0.05%，而市场中企业的辞退率则远高于此，在工作越来越难找的当下，更多人选择端起这个“铁饭碗”也就不难理解了。

（2）“权力寻租”机会多。一个公务员职位能出现5000∶1的竞争场面，人们看中了公务员职位的什么？无疑是看中他们手中拥有的公共权力，这种权力能够带来收入、地位、声誉等合法或非法的利益。哈尔滨市社会科学院院长鲍海春介绍说，从历年公务员考试的数据分析来看，多数考生都会选择报考海关、执法、公安、工商、税务、药监等有“油水”的部门，而报考政府服务性岗位（所谓“穷衙门”）的却寥寥无几。在西方国家，决策的环节是公开的，是通过立法机关参与和最终决定的。在我国，决策都是地方政府内部来决定的，而且地方政府受制约监督的空间很小。① 这就给了公务员权力寻租的机会。黑龙江省社会科学院研究员董泓扬认为，“公务员热”带来的不是人民公仆，而是怀着升官发财美梦的一个个利益追逐者，很多人报考公务员带有很强的目的性，有的人可能已经准备好进到公务员系统就开始“寻租”了，这是非常令人担忧的。

3. 考生自身素质与考公心态

（1）专业知识和技能。专业知识和技能是影响大学生报考公务员的决定性因素。调查显示，经济学、管理学、法学、文学、计算机类等专业的大学生报考公务员的意向和热情远高于其他专业的大学生。统计显示，2013 年国考中，财会类专业招考人数最多，达到 6500 人；其次为经济金融类、法学类，招考人数依次为 5859 人、3045 人；不限专业的职位仅 144 个，约占总职位数 1.12%，不限专业的招录人数有 337 个，约占总招录人数的 1.62%。

（2）公共服务精神与公共责任意识。公共服务精神和公共责任意识的高低，在一定程度上影响大学生的考公意向、热情和动机。当代大学生思想政治素质不断提高，越来越多的大学生身上为人民服务的精神正在发光。②

【问题】

1. 公考“高烧不退”折射出的问题。
2. 根据公考热现象思考如何完善我国公务员录用制度？

【分析】

1. 公考“高烧不退”折射出的问题

（1）“铁饭碗”的背后，是公务员队伍的出口不畅。

公务员绝不应该是一个“一朝为官，终身为官”的终身制职业。只要不符合公务员任职条件，就应该有相应的退出机制。然而从国际上来看，辞退一名公务员仍是不常见的做法，且过程比较漫长。而在我国，实际操作过程中也会出现“法外容情”的现象，有报道披露：海南省临高县有两名公务员，因犯诈骗罪被法院判处刑罚，却仍

---

① 王明明，俞宁．当今大学生公务员热的成因及对策研究［J］．长春理工大学学报（社会科学版），2014（2）：172－173，184.

② 祝虹，杨勤刚．大学生思想政治素质评价的内容和方法研究［J］．华中农业大学学报（社会科学版），2008（6）：83－87.

保留“铁饭碗”，工资照领。其中一人被提拔为临高县林业局林政股负责人。当地纪检部门在回应舆论质疑时称，这是按相关规定人性化处理。公务员热背后需要我们反思的是制度执行的问题。“公务员热”这一现象还蕴含着一种不健康的社会预期，即企图通过获得一种职业从而获得更多收益。公考热折射了社会对公务员这一职业的社会资源配置能力、社会地位乃至社会名望的向往，而这正是制约社会创新的致命之处。

（2）大学生就业难催生公考热。

现实的就业压力，是促使不少人选择走上公考这架“独木桥”的直接原因。“受现在就业压力的影响，很多大学毕业生希望通过考研究生、考公务员等方式来谋求一份稳定的工作。在众多报考者中，应届毕业生数量能占到60%左右。”中公教育（从事公职考试培训的专业机构）常务副总裁张永生分析认为，扩招后的高校毕业生陆续进入就业市场，就业竞争日趋激烈。公务员招考对高校毕业生无疑具有巨大的吸引力。

（3）“公考热”影响国家创新能力。

十人之上谓之秀，百人之秀谓之杰。“公考热”能把优秀人才聚集到国家行政管理队伍中来，可以保证国家机器的良性运转，这具有积极意义。但是当公务员考试过热，大量的人才“千军万马过独木桥”就会形成社会人力资源分配的畸形。制度经济学家道格拉斯·诺斯在《西方世界的兴起》中对西班牙和英格兰的发展有一个比较分析，认为西班牙之所以出现经济衰退，一个很重要的原因就是当时西班牙所有人都向往做官员，最终创造性的人才被埋没。社会创新的活力来自社会中各要素的充分流动，如果人们都对公务员趋之若鹜，社会创新的要素涌向一个方向，这势必会抑制社会要素的流动，导致整个社会创新能力的下降。

全国人大代表、中山大学教授王珣章曾谈到他在与很多学生交流时发现，越来越多的学生乐意早早拿个铁饭碗。“他们观点很务实，也有大部分随大流，这种风气不好，年轻人过早端着铁饭碗，这个社会如何创新？”王珣章忧心地说。“发达国家很多年轻人不愿意当公务员，因为政客不是主流，个性化才是。我在年轻的时候，也不愿意做公务员。”王珣章分析说：“公务员一生的轨迹往往一眼就能看到。按照西方的说法是不够刺激。相反，到公司创业则有很多种机会，这种经历本身就富有价值。”作为政府公职人员，王珣章也认同目前官员地位被推得太高，随着社会的日新月异，互联网的高速发展，大众创业、万众创新的大环境为年轻人带来了新机遇和新希望，除了当公务员，年轻人可以理性地考虑新的选择。

2. 完善我国公务员考试录用制度的对策

《公务员录用规定（试行）》指出：“录用公务员，坚持公开、平等、竞争、择优的原则，按照德才兼备的标准，采取考试与考察相结合的方法进行。”面对公务员考试的热潮，有必要坚持公开、平等、竞争择优的原则，推动我国公务员考试录用制度改革。

（1）适度放宽报考资格条件，加大从基层选拔公务员的力度。

适度放宽报考资格条件仍在公务员考录实践中，要按照公开、平等、竞争、择优、德才兼备的原则，适度放宽报考资格条件，尤其是在年龄、身体条件、文化程度、户籍、社会身份等方面，确保报考者的平等权益。公务员考录主管机关应建立招考条件审批制度，确保资格条件合理、合法、公平、公正。完善公务员考试录用调剂制度，根据考生本人的调剂意愿、考试成绩和机关工作需要，优化考生资源配置，充分挖掘优秀人才进入公务员队伍，实现“人尽其才、才尽其用”。在适度放宽公务员报考资格条件的同时，要加大从基层选拔公务员的力度，实现“宽严并济”。认真落实《关于注重从基层和生产一线选拔党政领导机关干部的意见》，拓宽从基层和生产一线选拔党政领导机关干部的方法途径，包括公务员录用、公开选拔、公开遴选、公务员调任、职位聘任等。自2012年起，中央机关和省级机关录用公务员，除部分特殊职位外，全部从具有两年以上基层工作经历的人员中考录；鼓励市（地）级以下机关，特别是县乡机关主要招录应届高校毕业生，引导应届高校毕业生到基层锻炼成长。

（2）创新考试方法与内容，建立分级分类公务员考试录用制度。

充分利用现代人事测评技术，创新公务员考试录用方法；利用计算机网络技术和信息技术，加强组织人事部门与教育部门、公安部门等的政务信息合作，搭建公务员考试录用信息共享平台；推广网上阅卷，探索网上答题，以减少人为因素的干扰，提高考试效率和信度。改进公务员面试方法，针对招考职位的特点，将结构化面试与心理测试法、文件筐测验法、角色扮演法、情景模拟法、案例分析法、敏感性训练等紧密结合起来，挖掘考生的公共管理潜能。按照公务员法，我国的公务员考试“考试内容根据公务员应当具备的基本能力和不同职位类别分别设置”。公务员考试内容不仅要体现公共管理工作需要，也要符合人事测评的客观规律。要整合文学、逻辑学、政治学、公共管理学、经济学、社会学、心理学、法学、生态学、数学、统计学等相关理论知识，紧扣经济社会发展和公共管理变革动态，凸显公务员考试题目的科学性、规范性、时代性、灵活性，增加与国计民生、区域经济社会发展等有关的内容。要加大公务员考试试题库建设力度，规范命题管理工作流程，提高命题质量。建立健全公务员考试的试题评估机制、审查机制和监督机制，促进考务信息公开；按照公务员法的规定，“国家对公务员实行分类管理”。我国公务员职位类别包括综合管理类、专业技术类和行政执法类等，公务员职务分为领导职务和非领导职务。有必要基于公务员职位分类制度，建立健全分类分级的公务员考试录用制度，不同职务、职位、级别的公务员考试录用的内容、方法、程序，体现一定的差异性。适度拓宽专业科目考试的适应范围，完善专业科目考试内容。按照《党政领导干部选拔任用工作条例》《公开选拔党政领导干部工作暂行规定》《党政机关竞争上岗工作暂行规定》等法规，完善党政领导干部公开选拔考试、竞争上岗考试、遴选公务员考试等考录工作。

（3）科学设计评分标准，完善成绩核算体系。

科学、合理的评分标准和成绩核算体系，是确保公务员考试质量、效度和信度的关键。要根据行政职业能力测验，申论的试题内容、题型、题量，精心设置各大题和小题的分值及其权重。适度压缩公共科目笔试成绩所占比重，扩大面试成绩和专业科目成绩的比重。同时，考查环节要严格把关，侧重考查考生的思想道德素质、政治素质、公共服务精神。

（4）健全公务员考试监督机制。

公务员录用工作要接受监督，要将监督贯彻命题、笔试、面试、考察、体检、公示、试用、任职定级等公务员考录全过程。认真落实《公务员录用规定（试行）》《公务员录用考试违纪违规行为处理办法（试行）》，健全公务员考试监督机制，明确考录管理人员、工作人员、招录单位主管领导、考生等多元主体在公务员考试录用过程中的责任，完善责任追究机制。认真执行公务员考试录用回避制度、保密制度。促进公务员考试录用信息公开，特别是做好招考信息、考试成绩、调剂信息、录取信息公开，推动试题与答案信息（尤其是行政职业能力测验试题答案）在考后及时公开。完善公务员考录申诉救济机制，对在公务员考录中受到不公待遇者，及时予以救济和帮助。公务员考录主管部门和纪检机关应当及时受理举报、申诉，并按管理权限及时、有效地处理。要完善公务员考试录用监督机制，充分发挥纪检机关、全国人大常委会、新闻媒体、社会大众、民主党派等在公务员考录过程中的监督作用，形成监督合力。审慎对待互联网、新闻媒体在公务员考录工作过程中的监督作用，认真辨别形形色色的监督信息，及时处理违法乱纪行为，增强政府危机公关能力。要整顿公务员考试培训市场秩序，引导考生理性报考。加强对考生的诚信考试宣传教育，端正其考试动机。

（5）加强面试官与专家库建设。

高素质的考录工作人才队伍是提升公务员考录效果的重要保证，考录工作人才队伍建设要重点抓好面试官和专家库建设。面试官不仅包括政府机关内部经验丰富的公共管理者，也包括行政学院、党校、科研院所和大中专院校等单位的专家学者。要做好面试官选拔、资格认证、培训、管理、考核、监督保障等工作。要优化面试官组合，促进面试官队伍科学化、多元化、知识化、专业化；要形成一支包括机关内部专业技术人员，以及行政学院、党校、科研院所和大中专院校等单位的专家学者在内的素质高、业务精、作风好、效率高的公务员考录试题研发与阅卷的专家队伍。

（6）加强社会主义核心价值观教育，推进创新创业教育。

党的十八大报告提出“积极培育和践行社会主义核心价值观”，并要求“广大青年要积极响应党的号召，树立正确的世界观、人生观、价值观”。要面向全社会大力倡导社会主义核心价值观，引导和帮助考生树立并践行社会主义核心价值观，端正考生的报考动机，明确报考目的，强化公共服务精神和公共责任意识。同时，要大力将行政伦理建设融入公民道德建设工程，将公共责任和公共服务精神教育融入社会志愿服务活动中，增强考生的公共服务能力。同时，要坚持中国特色反腐倡廉道路，实现干部清正、政府清廉、政治清明，增强公共职位的公信力。

实事求是地说，公务员和教师、医生、记者等职业并没有本质差别，都是一种普通职业，每份工作、每个岗位都会依据工作的种类、性质不同而有着不同的使命担当和责任坚守。在中央“八项规定”精神的贯彻执行下，在“打虎拍蝇”的强压之下，如今的公务员们，加班加点是常态，灰色收入也早已绝迹。没有一颗坚定为民服务的心，抱着“上岸”就一劳永逸的心态，甚至还妄图以“权力”谋取私利，那终究不可能被公务员队伍接纳。公务员考试，关系着党和国家的未来，社会期待着广大优秀的人才能够加入这支队伍，为国家谋发展，为人民谋幸福。广大公考青年，要有清醒的认识，将来在自己的岗位上要勇于接受锤炼摔打，增长人生阅历；社会大众也要以更加理性的眼光看待公考及其背后的广大公务员队伍，跳出各种神化和妖魔化的思维。只有营造良好的社会氛围，形成正确的社会认知，才能让“无心插柳者”打消念头，让心怀理想者更加振奋，才能让新涌入的新鲜面孔逐步成长为为人民服务的中坚力量。

本章参考文献

[1] 王明明，俞宁. 当今大学生公务员热的成因及对策研究 [J]. 长春理工大学学报（社会科学版），2014 (02): 172-173+184.

[2] 蔡珮珺. 关于大学生之“公务员热”现象的几点忧思 [J]. 十堰：十堰职业技术学院学报，2011，24 (03): 55-57.

[3] 王国琼，李海龙. 对大学生公务员报考热的分析与思考 [J]. 技术与市场，2008 (12): 60-61.

[4] 曹国强. 对高校大学生“公考热”的几点思考——以中国矿业大学为例 [J]. 开封教育学院学报，2015，35 (05): 290-291.

[5] 熊庆年. 理性看待大学生“公考热” [J]. 人才资源开发，2009 (06): 74.

[6] 智效民. “公考”热的冷思考 [J]. 民主与科学，2012 (06): 48-50.

[7] 徐驰. 公务员考试“热”的“冷”思考 [J]. 科教文汇（下旬刊），2007 (02): 148+150.

[8] 郎成爽，赵芸霄. 公务员报考热的制度分析 [J]. 法制与社会，2007 (11): 483.

[9] 杨晓安. 公务员考试热现象研究 [J]. 现代商贸工业，2009，21 (11): 118-119.

[10] 杨小菊，温志强. 公务员国考热透析中国市场 [J]. 中国市场，2010 (Z1): 54-55.

[11] 杨凤春. 中国政府概要 [M]. 北京：北京大学出版社，2002.

[12] 李寿初. 中国政府制度 [M]. 北京：中共中央党校出版社，2005.

第三章　公务员的分类制度和相应的教学案例

【学习目标】

本章简要介绍了我国实行的品位分类与职位分类制度；重点论述我国公务员制度的分类管理制度，即建立在职位划分基础之上的职位与级别制度。通过本章学习，了解职位分类、品位分类的基本概念及其特征，重点理解我国公务员职位类别的划分、职务的设置、级别的确定、职务与级别的对应关系等内容。

第一节　公务员的分类制度

一、品位分类制度的内涵与特征

品位分类是一种以“人”为中心的人事分类制度。根据公务员个人所具备的资历、学历以及职务、身份等多项条件来确定其录用、考核、培训、晋升和工资福利待遇。英国是典型的品位分类制度国家。在品位分类制度中，公务员既有官阶，也有职位。官阶代表品位等级、地位、资格与报酬，而职位代表权力、职责与任务，这种分类办法将官和职分开。也就是说，公务员可以有官无职，也可以有职无官。进一步说，品位分类制度，强调以人为中心，因人设职，而不是因职择人。品位分类重视“通才”的作用，这也反映出英国的公务员录用倾向。

品位分类是以人员所具有的资格条件为主要依据，以职务或等级高低来确定待遇的人事分类管理制度，其具有如下特点：品位分类建立的是以“人”为中心的分类体系；品位分类强调公职人员的综合管理能力。品位分类注重公职人员具备的德才、贡献、能力水平、任职年限等通用的资格条件，强调的是“通才”而非特殊知识或技能；品位分类对职位的分类以职务划分的形式表现出来，而职务的工作与责任内容较为广泛。总体来说，以品位分类为基础建立起来的人事架构相对简单易行，选拔任用环节无须人事管理专家参与即可进行；官位和等级职位可以分离，品位分类制度下，品位（或称品级、官阶、级别）代表着地位高低、资格深浅、报酬多寡；职位则标志着权力等级，代表职责轻重、任务繁简。品级以公务员个人为中心，品级高低与职务类别并无必然联系，常出现高品级低职务或低品级高职务，甚至有品级无职务或有职务无品级的情况。

二、职位分类制度的内涵与特征

职位分类通常是指根据职位的工作性质、责任轻重、难易程度和所需资格条件等进行分类，划分为若干种类和等级，以便对从事不同性质工作的人，用不同的要求和方法治理，对同类同级的人员用统一的标准治理，以实现人事治理的科学化，做到“适才适所”、劳动报酬公平合理等。

从职位分类的含义中我们可以看出，职位分类具有以下几个特征。

第一，职位分类是以“事”为中心的分类，即“因事择人”；

第二，职位分类所依据的根本要素是职位的工作性质、难易程度、责任大小及所需资格条件；

第三，职位分类并不是硬性规定哪类职位应办什么事，而是对各个职位所干的事进行客观分析与评价，由此确定职位在职位分类布局中所处的位置，从而达到分类治理的目的；

第四，职位分类不是固定不变的，可随着职位工作的变化而变化，但不因工作人员的变动而变动；

第五，职位分类本身不是目的，而只是人事治理的一种科学方法。

三、公务员法实施之前的我国公务员分类制度

中国自古以来就有公务员品位分类管理。早在魏晋南北朝时期的封建社会，我国实行的九品中正制即是对官员进行品位分类管理，官员的地位和待遇按品级的高低而定，不同品级的官员可以在不同职责与职位之间调动。这种以品位为主的官员管理体制经过后来多个朝代的改进与演变，直至新中国成立以后，我国干部人事制度依然表现出明显的路径依赖，导致当时计划经济体制下的干部人事制度基本沿用了以“人”为中心的品位分类管理方式，主要体现在对所有公务员进行了行政级别的划分，并均按党政机关干部的单一模式进行集中管理。

鉴于长期以来按行政级别划分的管理方式在实际运用中出现了较严重的“官本位”“大锅饭”等官僚主义与平均主义问题，党的十三大首次对干部人事制度改革做了全面系统地阐述，提出要“改变公务员集中统一管理的现状，建立科学的分类管理体制”，并强调“改革的重点是建立国家公务员制度”。在这一改革思路的指引下，1993 年 8 月颁布了《国家公务员暂行条例》（以下简称“暂行条例”），标志着在国家行政机关中，开始实施国家公务员制度。暂行条例设专章规定了职位分类制度，成为我国对公务员进行职位分类的法律依据。但从暂行条例的制度设计来看，其中只规定了“制定职位说明书，确定每个职位的职责和任职资格条件，作为国家公务员的录用、考核、培训、晋升等的依据”，但并未对公务员的职位具体如何分类做出明确的说明。所以，当时我国公务员实行的实际上是职务分类，即只是将公务员的职务分为领导职务和非领

导职务，同时规定了与领导职务相对应的级别序列。由于公务员内部并未根据职位的性质和特点进行明确分类，所有的公务员依然只能按同一套职务序列进行统一管理，职业发展渠道过于单一，既不利于对公务员的激励，又难以适应管理工作日益复杂化、多样化的需要。因此，仍需通过进一步细化、明确公务员职位分类方式来解决该问题。

四、公务员法确立的职位分类制度

为改进与完善公务员分类制度，2006 年 1 月起正式实施的《中华人民共和国公务员法》在科学总结实践经验、合理借鉴传统职位分类和品位分类优点的基础上，从制度创新的高度对公务员的职位分类做出了明确规定。

（一）划分职位类别

1. 行政执法类职位

行政执法类职位是指政府部门中直接履行行政监管、行政处罚、行政强制、行政稽查等现场执法职责的职位。从分类管理的角度来看，行政执法类职位只存在于部分行政机关，且只存在于这些行政机关中的基层行政机关。与政府机关的综合管理类、专业技术类职位相比，行政执法类具有下列特点：一是纯粹的执行性。与综合管理类相比，行政执法类只有对法律的执行权，而无解释权，出现纠纷时不具备裁定权。二是现场强制性。与专业技术类相比，行政执法类处于一线，依照法律、法规，直接对具体的管理对象进行监管、处罚、强制和稽查。设立行政执法职位，是党和政府建立一线执法公务员队伍长效管理机制的手段。将行政执法类职位区分出来，有利于更好地激励和约束一线执法队伍，更好地适应完善社会管理与市场监管职能的需要，更好地与中央已经确定的决策、执行、监督相协调的政府机构改革原则相衔接，更好地加强对一线执法人员的监督，落实执法责任追究制。

2. 专业技术类职位

专业技术类职位是指机关中履行专业技术职责，为实施公共管理提供专门的技术支持与保障的职位。与其他类别职位相比，专业技术类职位具有下列三个特征：一是只对专业技术本身负责的纯技术性。专业技术类公务员在自己的专业岗位上，只对专业技术业务本身负责，一般不直接参与公共管理，不具备行政决策权。二是低替代性。专业技术类职位与其他职位之间的替代性不强，应尽量避免跨类别的人员流动，专业技术类公务员交流应以相同或相近岗位的交流为主。三是技术权威性。专业技术类公务员提供的技术结论不受行政领导干预，不因行政领导意志的改变而受影响，但这种权威性仅体现在技术层面上，为行政领导决策提供参考和支持，最终的行政决策权仍属于行政领导。对于技术结论所建议的方案，行政领导可结合其他因素做出自己的选择。只有同时符合上述三个特征的职位，才属于专业技术类职位。

3. 综合管理类职位

综合管理类职位则是指机关中除行政执法类职位、专业技术类职位以外的履行综合管理及机关内部管理等职责的职位。这类职位数量最多，是公务员职位的主体。综合管理类职位具体从事规划、咨询、决策、组织、指挥、协调、监督及机关内部管理工作。

4. 法官、检察官类职位

人民法院、人民检察院是我国国家机构的重要组成部分。法官、检察官分别行使的审判权、检察权属于国家权力中相对独立的国家司法权力，具有较强的专业性和司法强制性，与其他类别职位的性质、特点存在明显区别。法官、检察官在等级、义务、权利、资格条件、任免程序、回避等方面的管理也与其他类别公务员有所区别。值得注意的是，公务员法“职务、职级与级别”一章没有直接明确点出“法官、检察官类”，但公务员法第三条规定法律对“法官、检察官等的义务、权利和管理另有规定的，从其规定”，实际上可以将此视同法官、检察官的单独归类。

（二）设置多样化的职务序列

公务员法第十八条规定：“领导职务层次分为：国家级正职、国家级副职、省部级正职、省部级副职、厅局级正职、厅局级副职、县处级正职、县处级副职、乡科级正职、乡科级副职。”这绝不意味着所有领导职务的职务层次上限都要达到厅局级。因此，行政执法职务的职务层次在县处级以下设置为宜，而专业技术职务的职务层次可在厅局级以下设置。

领导职务是指机关中具有组织、管理、决策、指挥职能并承担领导责任的职务。非领导职务是指不负领导责任，只承担岗位责任。其中部分较高职务层次的非领导职务要协助领导职务工作，或者经授权负责或协调某一方面的工作。

设置非领导职务，主要是基于两个考虑：一是司、处、科级领导职数较多，为了减少领导职数，因此宜设置一定限额的非领导职务。二是为了解决“独木桥”的难题。因领导职数有限，可以解决部分没有承担领导职务的公务员的待遇；特别是取消公务员评职称后，设置非领导职务可以解决专业技术人员的待遇问题。

（三）规范级别与职务的对应关系

级别设置主要是为了解决激励保障机制中两大问题：一是公务员职业发展渠道过于单一；二是基层公务员晋升台阶过少。根据公务员法第二十一条的规定，公务员的领导职务、职级应当对应相应的级别。

公务员的级别根据所任职务及其德才表现、工作实绩和资历确定。据此确定公务员级别的因素包括：①公务员所担任的职务。职务决定公务员的级别范围（可能的最高级别与最低级别），每一职务对应一定范围的级别。②与公务员德才表现、工作实绩相联系。③公务员的资历。同一职务层次的公务员，工作年限长、学历高者，级别也高。

公务员的职务应当对应相应的级别。根据《公务员职务与级别管理规定》（中发2006年9号文件）关于级别设置的规定，我国公务员职务与级别对应关系如表3－1所示。

表3－1　　我国公务员职务与级别

序号	领导职务序列	非领导职务序列	级别序列
1	国家级正职	—	一级
2	国家级副职	—	四级至二级
3	省部级正职	—	八级至四级
4	省部级副职	—	十级至六级
5	厅局级正职	巡视员	十三级至八级
6	厅局级副职	副巡视员	十五级至十级
7	县处级正职	调研员	十八级至十二级
8	县处级副职	副调研员	二十级至十四级
9	乡科级正职	主任科员	二十二级至十六级
10	乡科级副职	副主任科员	二十四级至十七级
11	—	科员	二十六级至十八级
12	—	办事员	二十七级至十九级

（四）增加公务员的级别

公务员法立法的过程中，出现过三种设想：一是设置25级；二是设置27级；三是设置30级。到底设多少级为宜，这需要专业部门进行精确的测算。但各方的共识是，1993年《国家公务员暂行条例》设置的15级太少，宜增加公务员设置的数目。只有增加设置的数目，才能扩大中低层职务与级别的交叉对应幅度，从而为中低层的公务员提供更大的职业发展空间。公务员在不晋升职务的情况下，也可以根据其工作年限和累积贡献晋升，提高工资待遇，更好地发挥对公务员特别是基层机关公务员的激励作用。例如，一名大学本科毕业生进入县级机关一年确定为科员之后，由于缺少职位空缺等各种原因，可能在16年内没有职务晋升机会，但他可以逐级晋升，获得相应待遇。

（五）“一职数级，上下交叉”

职务与级别相对独立，但并不是完全分离的。因此，在设置职务与级别关系时，采取“一职数级，上下交叉”的对应关系。实行职位分类的国家，公务员的职务层次与级别是一一对应的，如美国、加拿大、瑞典、泰国、澳大利亚等。在这些国家中，职位是确定工资待遇的唯一依据。实行品位分类的国家（英国除外），不同类别公务员职务层次与级别一般不是一一对应，而是有一个交叉对应区间，德国、西班牙、乌克兰属于这样的情况，品位级别是确定公务员工资待遇的主要依据。兼有职位分类与品位分类双重属性的国家，如法国，职务序列与级别序列相对分立，没有明确的对应关系。职务晋升依靠能力，即年资与考核结果，考核合格每三年晋升一次。职务与级别两个要素综合作用于公务员的工资指数。也就是说，法国公务员的工资是由职务和级别这两个要素确定的。在设计职务与级别对应关系时，出现了两种主张：一是级别封顶；二是级别不封顶。这取决于级别晋升的年限规定。

（六）“向基层倾斜”

这是规范公务员职务层次与对应关系时必须坚持的基本原则。专业技术职务除外，职务层次越低，与级别的交叉对应幅度越大，对基层公务员的激励效果将会越明显。

（七）规定部分公务员的衔级

“公务员法”第二十二条规定：“国家根据人民警察、消防救援人员以及海关、驻外外交机构公务员的工作特点，设置与其领导职务、职级相对应的衔级。”并不是所有公务员都要有衔级，衔级根据实际管理需要依法设置，职务与衔级不是彼此完全独立的关系。衔级的主要功能是在特定的工作场景下能够迅速辨识身份，理顺指挥关系，完成工作任务。人民警察、海关和外交机构公务员的工作有自己的特殊性，人民警察是人民民主专政的重要力量，是武装性质的国家治安行政力量和刑事司法力量。警察队伍中有80%以上的人员集中在基层和一线，执勤高度分散。人民警察在打击犯罪的现场执法中经常是各部门、各警种协同作战，特定场合下可能出现彼此互不相识的情形，而警衔制度可以迅速确定彼此之间的指挥关系。海关公务员在打击走私的现场执法中也会出现类似的情形。人民警察、海关公务员等的职务和衔级，有关法律、法规已有规定。

第二节　公务员分类制度的教学案例

教学案例 1

改革，永不止步——深圳市公务员分类管理开启破冰之旅

一、深圳市公务员分类管理改革制度出台的背景

改革开放以来，深圳从沿海小镇发展成为国际化的现代大都市。然而，在经济迅

速发展的同时，深圳发展中的非均衡问题也日益凸显。所谓非均衡问题主要是指深圳的“经济发展一枝独秀，政治管理体制改革相对滞后”的问题。这种格局极大地影响了深圳的公共服务能力，与之相对应的是公共事务日益增加且民众对公共服务的需求变得更为多样化。这种张力使得传统的行政体制在较大程度上已经不适应未来深圳的经济结构升级和社会转型的需要。

深圳市是因改革开放而发展起来的城市，也是以改革而著称的城市。2008 年，深圳市被国家批准为公务员分类管理改革的首批试点城市，深圳在行政体制改革方面做出了诸多有益探索，特别是在 2009 年的下半年，深圳完成了以大部制为核心的市政府机构改革，初步建立了决策、执行、监督既相互制约又相互协调的行政运行机制。但是机构层面的改革必须同人事制度的改革紧密结合，才能真正促成行政运行机制的优化，进而实质性地推动地方政府公共服务能力的提高。而且，在深圳，要真正建立起同市场经济和公民社会相适应的服务型政府，还需要满足政府的多层次、专业化的用人需求，以便更好地履行政府的经济调节、市场监管、社会管理和公共服务等职能。正是在这种制度创新需求不断增加的背景下，深圳启动了此次公务员分类管理制度改革。

二、深圳市公务员分类管理制度的改革探索

（一）“铁饭碗”变“瓷饭碗”：分类管理制度的不断创新

2010 年深圳市率先实行了行政机关公务员分类管理制度，主要涉及“职位分类”和“聘任制”两项内容。2010 年 1 月，深圳市委常委会会议原则通过了《深圳市行政机关公务员分类管理改革实施方案》，对长期以来公务员“大一统”的管理模式进行了大刀阔斧地改革。同年 2 月 3 日，深圳市人力资源和社会保障局举行了专门的新闻发布会，详细公布了深圳市公务员分类管理制度改革的内容，继大部制改革后，深圳市行政机关公务员管理改革迈进了“快车道”。

1. 划分三大类别，逐步细分职位

改革把公务员原来的“大一统”管理模式划分为综合管理类、行政执法类、专业技术类。其中综合管理类公务员仍沿用传统的公务员管理模式，而行政执法类、专业技术类公务员则适用“聘任制”这种新型制度。行政执法类公务员被称为“执法员”，内设七个职级，各职级间没有上下级隶属关系。执法员与行政职务级别脱钩，待遇和晋升着重考虑其年资积累和工作业绩。专业技术类公务员从高到低设主任、主管、助理等职务，职务晋升与专业技术、年资累积及工作业绩挂钩，人力资源和社会保障局局长王敏认为：“不同职级的公务员干的是同样的活，只是待遇不同。”通过职位分类和聘任制的实施，部分公务员的“官帽”摘掉，“铁饭碗”变成“瓷饭碗”，独立的晋升渠道让长期困扰公务员的“天花板”问题得到破解。

2012 年 8 月，深圳市委常委会会议原则通过了市人力资源和社会保障局的《关于进一步深化公务员分类管理改革的意见》，健全公务员职位体系，研究探索综合管理类

的“共通性职位”管理机制等被提上日程。2015 年深圳市政府在全面总结深圳市行政机关公务员分类管理改革实践经验的基础上，对相关制度做了补充完善，进一步明确了深化改革的方向，并发布新修订的《深圳市行政机关行政执法类公务员管理办法》和《深圳市行政机关专业技术类公务员管理办法》，不断探索职位细分和管理创新。这两个办法的突出特点：一是进一步强化了职位管理导向，二是进一步突出了专业能力建设。

2. 设置多样化职务序列，拉长职级链条

在职位分类的基础上，深圳市针对行政执法类和专业技术类职位的特点，建立独立于综合管理类的行政执法类职务序列和专业技术类职务序列。行政执法类职务序列从高到低分为一至七级执法员；专业技术类职务序列由高至低设主任、主管、助理等职务并划分若干职级，其职务晋升与专业技术条件挂钩。

在多样化的职务序列基础上，通过纵向层次拉长职级，规划专业发展台阶。以公安系统为例，深圳市将警员职组的职级增加至 12 个，由高至低依次为：一、二级高级警长；一至四级警长；一至四级警员、初级警员和见习警员。专业技术类的警务技术职组设 10 个职级，由高至低依次为一级技术警察至十级技术警察。

3. 建立薪级工资制度，与职级挂钩

为了让分类管理落地，配套建立了薪级工资制度。深圳市改革执行者认为：“如果工资不改革，行政执法类、专业技术类仍与综合管理类同一套工资制度，分类管理很难有实质作用。”深圳市专门设计了薪级工资制度，行政执法类和专业技术类总共有 68 个薪级，并与各职级形成对应关系，每个职级对应若干薪级，每一薪级确定一个工资标准。例如行政执法类七级执法员对应 6 ~9 薪级，同样是七级执法员最低 6 薪级每月可拿 7800 元，最高 9 薪级每月可拿 8280 元。同一职级薪级的变化根据个人工作年限积累和实际表现情况及年度考核结果而变化，每年年度考核为称职以上等次的可以在职级范围内晋升一个薪级。深圳市的薪级工资制度避免了综合管理类公务员陷入只有职务晋升工资待遇才明显提高的困境，解决了改革前靠提高机构规格、增设机构和领导职位数来实现公务员职务晋升从而提高待遇的问题。

4. 分类进行针对性管理，提高管理科学性

分类是基础，并不是目的。深圳市根据各类别的职位特点，探索了分类招考、分类考核、分类培训、分类奖惩等科学化管理制度。一是分类招考：针对行政执法类公务员不再考申论，取而代之考执法相关的知识；针对专业技术类进行专业素质测试，如气象专业技术类进行气象专业素质测试。二是分级分类考核：根据不同类别实施考核，重点考核“能”和“绩”。三是分类晋升：行政执法类公务员晋升前需开展执法业务水平测试，专业技术类公务员晋升前需开展专业能力评估。四是分类培训：根据各职位类别对公务员能力素质的要求进行分类培训。

深圳市通过针对不同类别实行差异化招考、考核、晋升、培训等精细化管理，改变了“千人一卷”“考核一把尺”的“大一统”管理模式，加强了公务员的专业化建设。使公务员管理更加符合工作实际，更加有针对性，从经验管理向科学管理转变，更有利于专才专用，同工同酬。

（二）打碎玻璃缸，实现“鲶鱼效应”：聘任制的扩大

改革的另外一个重点就是扩大公务员聘任制实施范围，2007 年 1 月，深圳市获得聘任制公务员改革的试点资格，与上海市同时成为聘任制公务员制度的两个首批试点城市。聘任制的实施将实现公务员“能进能出，能上能下”，传统的“铁饭碗”将变成“瓷饭碗”，这将有效提高公务员的工作效率和积极性。深圳市政府认为聘任制的潜力在于通过引入新的用人机制实现“鲶鱼效应”，增强公务员制度的生机和活力。2007 年 10 月，深圳市印发《深圳市行政机关聘任制公务员制度试点方案》，并陆续出台聘任制公务员管理试行方法、工资分配方案、聘任合格标准文本等配套文件，从而基本完成了这一制度的体系化。

但聘任制在深圳市实施两年之后，期望中的“鲶鱼效应”并未出现。究其原因，主要是由于聘任制公务员与委任制公务员的制度设计之间，有许多微妙、不显眼但又确实存在的差异：虽然聘任制公务员也有薪级表和职业发展通道，但比起委任制公务员，他们的薪级表级差更小，也不能享受后者才有的津贴；他们的职业发展通道也更单一，几乎没有职业发展空间。换言之，聘任制公务员好像是“玻璃缸里的鲶鱼”。

2010 年，借着推行公务员分类管理改革的东风，深圳市做出了扩大聘任制公务员范围的“一刀切”政策：自 2010 年 1 月 1 日起，所有通过公开招考、调任、转任、军转干部等安置方式新进入深圳市行政机关的公务员，全部实行聘任制。自此，深圳市公务员内部的“去特殊化”工作逐步完成，真正做到“同身份、同待遇、同轨发展、同台竞技”。

三、改革的目标

（一）鼓励每个人走专业化道路

2010 年 4 月，深圳市行政机关公务员分类工作就已完成，三大类职位体系被分而列之：综合管理、行政执法和专业技术。随之而来的是被深圳人力资源部门称为“套转”的人员分类过程，以分类为基础的招考、培训、考核等精细管理措施也被逐步落实，配套的医疗、住房、保健等福利制度陆续出台。

深圳市人力资源和社会保障局公务员管理处副处长欧阳坚表示深圳市的公务员分类管理，正是要求公务员对自己的职业发展目标和技能要求有明确定位，并鼓励每个人都走专业化的道路。

不同的职位体系类别，有不同的职位性质和晋升通道。综合管理类职务层次与机构规格挂钩，职业发展的个体差异大、不确定性高，少数人有机会身居高位，但大多数人在处级以下退休。

（二）向社会公开招聘职位

与公务员分类管理相对应的是招考政策的变化。以往“招考一张卷”的局面被打破，除了都要考申论之外，报考综合管理类的考生参加行政职业能力测验，行政执法类则考察行政执法素质测试。

未来深圳市将加快推行以职系为单元的职位说明书制度，将主要职责、适用范围、职务序列、薪酬待遇、入职资格和方式等做出书面规定：“职位说明书将统一规范、向社会公开，除非有制度性修改，不然绝对不能动。”深圳市人力资源和社会保障局局长王敏说。

四、改革带来的变化

深圳市气象局预报处气象预报主任石丽（化名），从事预报天气工作已有30多年，是2010年气象预报处7名从综合管理类公务员转任为专业技术类公务员中的一位。分类改革中，市气象局气象预报和信息网络部门的十几位公务员，被分别划入两个专业技术职系。作为资深气象员的石丽在谈到“身份转变”的感受时，却说：“其实做的工作是一模一样的，大家还是跟以前一样值班、预报，台风来了还是要守夜嘛！”

与石丽的转任不同，80后小伙子张虎（化名）则是在2010年分类改革后新考入专业技术类公务员。分类改革的变化，他体会得更明显一点。“知道气象局放出来一个专业技术类公务员的招考名额，我就立刻报名了。”张虎回忆。2011年8月，深圳市气象局首次招考专业技术类公务员。在气象预报这个序列里，仅有一个三级主管的岗位，按照招考要求，需要具有2年以上工作经验，以及中级以上职称或者硕士以上学历。从南京大学大气科学系硕士毕业的张虎恰好符合这一标准。

“分类改革后，选拔考试的针对性更强了。”深圳市气象局分管人事的办公室副主任黄国志介绍道，“改革前，预报员的招考条件都是大气科学类专业毕业，所以达到报名条件的还是那么一批人。分类改革不仅改变了考试内容，也给予了招考单位对专业选择更大的自主性。”改革以前，公务员招考专业原则上只能设定到一级目录，如“理学”等，有特殊要求的可以设置到二级目录，如“大气科学”。专业技术类公务员分类后，必要时，可以突破这一限制设置到三级目录，如气象预报这一序列，就包括“气象学”和“大气物理学与大气环境”两种。可见，公务员分类管理改革后，对聘任公务员的人员的专业、资历都有严格的规定。

“改革以后对我们的影响就是处里的科研气氛更浓了，大家都希望做出成绩来，这就直接提高了气象预报的服务水平。”徐树（化名）是市气象局专业技术类公务员唯一的高级主任。她介绍，2011年以来，气象局由预报处牵头，各科室一起努力，接连推出了学习国内外先进经验的临近预报决策支持平台、获得国家发明专利的雷暴云团边界相关追踪技术等几个“重量级”的科研成果，推动深圳市气象预报精细化程度和准确率稳步提高、发展。

【问题】

1. 结合案例，分析深圳市公务员职位分类管理改革过程中遇到的问题。

2. 深圳市公务员职位分类管理改革的启示是什么？

3. 总结深圳市公务员分类管理的主要做法和经验，思考对在国家层面推进公务员分类管理和对其他省份开展公务员分类管理有哪些参考和借鉴意义？

【分析】

1. 深圳市公务员职位分类管理改革过程中遇到的问题

深圳市作为全国第一个分类改革试点城市，国内无相关可借鉴的经验，出台系列改革实施方案和相关配套文件，已在能力范围内进行了充分的前期准备。但改革实施中，仍存在一些问题。

（1）归类较粗，划分标准宽泛。

深圳市行政执法类划分标准宽泛，确定规划国土、交通、市场监管、监狱劳教等十余个部门中的建制执法单位为行政执法类试点单位，将执法、稽查综合类公务员之外的非领导职务公务员成建制划在行政执法类，划入行政执法类的并不全是纯执行性和现场强制性的职位。深圳市市场监管改革时，原计划将实施执法的职位划出来，但是改革部门不认同，其认为这样会使人员管理复杂且不利于交流。最终为了保护被改革部门的改革动力，退而求其次变为成建制划转。深圳市成建制划转，分类较粗，这为分类后科学管理留下难题。

（2）分类管理制度不够精细，分类管理效果有限。

改革实施中，分类招考、分类培训、分类考核等专业化、精细化程度远远不够，导致分类管理效果有限。基层执法类公务员职级晋升“齐步走”的问题渐显，由于三级执法员以下不设职数限制，职数放开后，任职时间达标就提级，其考核未基于职位说明书，考核粗放且流于形式。晋升激励变成“大锅饭”，竞争性晋升变普惠性晋升，激励作用削减。

深圳市行政执法类和专业技术类公务员的管理不再与综合管理类公务员相对应，跳出了原有综合管理类的管理框架，但是相关配套制度未跟上。如深市圳公安系统的警务技术职系虽然已划分，但晋升、待遇等政策并不明朗，被改革者不愿事实入轨；警员职组划分为侦查、治安等 6 个职系，由于资格认定没有明确，目前只是贴标签，改革停留在纸面层次。

（3）限制跨类交流受质疑，科学理性受制于干部人事制度。

深圳市改革设计旨在让不同职类、职组之间相对封闭和独立，以确保公务员能够在一个序列里积累经验和年资，从而提升公务员队伍的专业性和稳定性。深圳市不鼓励跨类别转换的制度设计在改革实施中饱受质疑，不被理解。深圳市规定行政执法类公务员转任本市综合管理类职务的，七级执法员以上职级的确定为科员，任职时间重新计算。与此同时，干部人事制度对公务员分类管理造成了干扰，如跨类交流是我国干部人事制度的特点，但我国干部交流中品位观念渗透在各个环节，基于职位的科学理性价值被打折扣。被改革者认为，限制不同类别交流受制于中国干部人事制度长期积累的多岗位轮换形成的“通才”培养惯性。

2. 深圳市公务员职位分类管理改革的启示

深圳市分类改革以职位分类为主，融合品位分类的合理因素，符合我国公务员管理实际，也符合世界各国公务员改革将两种分类优势互补结合的改革趋势。[①] 结合深圳市改革经验和存在的问题，全国全面实施分类管理需解决好三个问题：职位如何设置？怎么实现人员入轨？跨类怎么交流？

（1）以科学适度为原则，科学设置职位和划分类别。

从理论上，职位分类管理在横向上细分为职类、职组、职系等，在纵向上分为职级和职位等。横向上通过专业化细分拓宽不同职系的晋升通道，纵向上合理设定职级引导职业发展台阶，尽可能地对各个职位的工作提出质和量的要求，做到以事定职、以职定人。深圳市职位类别划分存在过粗且分类不清的问题，建议职类、职级划分要遵循科学适度的原则。基于中国实际，全面实施职位分类制度，建议结合机构改革，精细化、法定化“三定”规定，在科学的“三定”规定的基础上设置职位。职位设置依据科学调整后的机构职能、内设机构及人员编制数额而定。

（2）建立独立的、符合类别特点的管理制度，保障人员实质入轨。

深圳市分类管理改革部分公务员迟迟未能入轨，根源是新类别分类后管理制度不完善。健全符合类别特点的制度是保障分类改革顺利推行的关键。主要包括录用、考核、奖惩、晋升、交流、培训、工资薪酬、保险和福利等系列制度。

全国全面实施分类管理改革，首要任务是建立不同职务序列独立的薪酬体系；其次是尽快出台相关法规，为分类后的管理提供政策保障；再次是指导地方抓紧落实制定职位说明书工作，明确每个职位所需具备的资格和条件，尤其是专业技术类要尽快明确专业资格认定和专业技术能力评定；最后是完善分类后相关管理制度。重点任务是建立基于岗位职责的录用、平时考核及年终考核制度；完善基于考核、专业程度和能力的职级晋升标准；组织围绕履职履责关键能力的分类分层任职培训。

（3）跨类交流重在公平，设定跨类的统一标尺。

公务员分类管理后，跨类交流尤其是跨类晋升成为公务员关注的问题。原则上鼓励低层专注单一职类发展，中、高层逐步开放跨类交流。是否适合到其他类别交流，需通过职位资格条件明确，并进行能力测评。

设计跨类交流的条件重在公平，不同类别的统一标尺是关键。深圳市将薪级作为

① 吴云华．国外及我国港台地区公务员职位分类研究［M］．北京：中国人事出版社，2014.

跨类的标尺有其合理性所在，但需加强同业工资调查，增加科学性，保障公平。在全国全面实施分类改革，发挥级别在跨类交流中的作用。级别作为统一标尺更适合对不同类别职务进行平衡比较。级别是品位和职位的统一。我国公务员级别共设 27 级，分类管理主管部门需明确不同序列公务员横向交流中的级别对应问题。

3. 深圳市公务员分类管理对在国家层面推进公务员分类管理和对其他省份开展公务员分类管理的参考和借鉴意义

深圳市作为全国的公务员分类管理改革试点城市，经过多年的探索和实践，既有改革先行先试的成功经验，也有改革探索中面临的重点和难点问题，这些经验和问题均值得在今后的公务员分类管理改革中予以吸收和借鉴，主要包括以下几个方面。

（1）职位分类改革的目的要明确。

实行公务员分类管理，既是依据公务员法进行公务员管理的具体体现，也是对党的十七大和十八大相关要求的贯彻落实，是实施分类管理改革的法律与制度依据。而究其根本，是在深化干部人事制度改革和完善公务员制度的基本前提下进行的公务员管理基础性改革创新，其改革的主要目的在于两个方面：一是顺应现代政府治理和新公共管理理念而进行的公共管理变革要求，通过公务员职位分类实现公共管理的专业化和职业化，不断提高政府公共服务与绩效管理水平；二是实现公务员队伍建设与管理的科学化和公平化，包括提高公务员队伍专业素质与能力，拓宽公务员职业发展通道，提高公务员科学管理水平并实现有效激励，避免按单一综合管理类要求进行管理所造成的忽视专业技术类和行政执法类等各类公务员行业和职业特点的制度不公问题等。在明确公务员分类改革这一根本目的的同时，应避免职位分类改革的盲目性和目标偏离。尽管实施分类改革有利于实现公务员的分途发展、拓宽职业发展空间，并带来薪酬增长，但这并不是公务员分类改革的根本目的和唯一目标。过分强调通过分类管理改革来解决公务员职务晋升和薪酬增长问题，势必出现改革目标偏离甚至异化的倾向。

（2）职位分类的范围界定要科学。

实行公务员职位分类改革，核心问题有两个：一是“怎么分”，二是“怎么管”。而类别划分又是分类管理的前提和首要问题，也是分类管理面临的难点。必须坚持依据职位的性质与特点、工作职责内容以及任职资格要求等基本分类标准，科学进行公务员范围的划定。类别划分标准不清晰势必会造成分类改革中不同类别公务员横向攀比和心理失衡，也会出现公务员分类后希望转回原有类别的现象，跨类交流主观需求过分强烈势必增加管理难度，对于制度的科学性和公平性构成威胁，也不利于持续推进公务员分类改革向前发展。

（3）需要建立与分类改革相配套的各项管理制度。

实施公务员分类改革，是公务员管理的一项系统性、复杂性改革创新，改革实施后将会带来整个公务员管理体系的变革，需要基于职位分类建立相应的各项配套管理制度体系。其主要包括以下三个方面：一是建立健全公务员分类管理本身的配套制度，包括基于行政执法类和专业技术类大类划分的具体职组与职系划分办法、专业技术类公务员与行政执法类公务员任职资格管理办法、不同职系职务序列设置与职级管理办法、跨类交流条件与办法等，这是保证分类改革制度科学性与规范性的要求；二是改革完善与分类管理相配套的系统性公务员管理制度体系，包括不同类别、职系的公务员招录、考核、晋升、奖惩、培训、监督、辞职、辞退等公务员管理制度，这是建立基于分类改革的公务员精细化管理的要求；三是探索创新与分类管理配套的公务员薪酬制度体系，包括对现有的公务员薪酬制度体系进行分类细化、结合行政执法类公务员和专业技术类公务员不同职系和职位特点制定相应的岗位津贴补贴办法，以及实施基于分类管理的绩效考核奖励工资办法等，这是建立基于分类改革的公务员薪酬激励机制的要求。①

教学案例2

最后一公里：上海市公务员职位分类管理制度改革

一、上海市公务员职位分类管理制度改革背景分析

（一）改革背景

党的十八大报告指出，要深化干部人事制度改革，统筹推进各类人才队伍建设，使各个方面优秀的干部充分涌现，开创人人皆可成才、人人尽展其才的生动局面。党的十八届三中全会在《中共中央关于全面深化改革若干重大问题的决定》中进一步要求：坚持党管干部原则，深化干部人事制度改革，构建有效管用、简便易行的选人用人机制，使各方面优秀干部充分涌现。

公务员体系中的“大一统”模式，缺乏针对性的管理方式是造成行政执法类公务员频出问题的一大原因。关于行政执法类公务员的权力寻租、贪污受贿、暴力执法的负面新闻不绝于耳，对上海市政府的形象和公信力产生了很大的影响，特别是城管——这一具有代表性的一线基层行政执法类公务员，关于其不文明执法行为的报道屡见不鲜，在社会上引起了公众的广泛关注，同时被贴上了“暴力”“野蛮”等标签，这与上海市要建设服务型政府的方向背道而驰。与此同时，行政执法类公务员的职位特点决定了大多数执法员都处于基层一线执法岗位，现实中的基层执法部门众多，人员晋升困难，造成压职压级的现象非常严重，在公务员队伍中也引起了极大的不满，如何采取有效措施解决上述问题，提升政府形象，推进服务型政府

① 郝玉明．推行公务员分类管理的做法与经验借鉴——基于深圳市公务员分类改革的分析［J］．中国党政干部论坛，2016（09）：28－33.

建设成为上海市亟待解决的重要问题，上海市公务员职位分类改革迫在眉睫。

（二）上海试点，浦东先行

2015年6月5号，时任上海市公务员局局长的王某为落实上海市委、市政府关于做好上海市公务员试点改革的要求，在会议室和浦东新区、徐汇区、嘉定区的市场监管部门的主要负责人召开了关于如何开展上海市公务员改革试点的工作会议，重点围绕党的十八大要求，针对上海市公务员队伍在统一管理和职责履行等方面存在的突出问题进行商讨。

“十八大以来，对公务员队伍的要求越来越高，公务员不仅自身要素质过硬，履职也要做到遵纪守法。现在上海市的公务员队伍急需改革，特别是要做好行政执法类公务员的改革任务，打开一个口子，不仅要解决现在一线公务员执法中的问题，也要为以后的专业执法类和综合管理类公务员的改革做好表率。”王某在会议最后发言中表示。

（三）身先士卒，优势明显

上海市自身具有独特的改革优势。上海市是我国的经济中心，各种高等院校林立，教育水平发达，干部多是名校毕业，45%以上是大学本科学历，综合素质较高。试点工作在推行中会不可避免地遇到一些困难，但是上海市拥有高水平、高素质的干部队伍，加上部门之间相互积极配合，能够有效地应对在改革过程中的突发问题。作为我国的经济中心，充足的经济支持是上海市试点改革敢为天下先的保障，此外，上海市具有改革试点所需要的专业性人才和信息技术支持，使上海市的试点改革具有足够的人力、财力、物力支持，并且在多次不同的试点改革中，都取得了较好的成绩，可以说是我国试点改革的先驱。作为改革的试点城市，其中很多相关工作都需要实施开创性探索，领导的支持至关重要。为贯彻党的十八届三中全会提出的目标，由上海市委、市政府牵头，上海市工商、市场监管部门执行落实试点工作。这次试点改革受到了政府领导的高度重视，各部门也积极安排相关人员，圈定下属试点区，包括：浦东新区、徐汇区、嘉定区的市场监管部门，成立项目工作小组。同时，圈定的几个单位领导及人事干部业务素质较高，工作态度热情，对此项工作相当重视，为试点工作的顺利进行提供了组织及人员保障。

二、五大措施推进改革落实

从2015年起，为推进政府职能转变，落实“放、管、服”改革要求①，上海市率先在浦东新区、徐汇区、嘉定区的市场监管部门启动实施了行政执法类公务员改革试点工作，将城管执法和市场监管两个部门的行政执法类公务员从现行的公务员管理模式中分离，使用一套全新的、与执法工作规律及行业职业特点相适应的职业体系进行管理。

---

① 2015年5月12日，国务院印发《2015年推进简政放权放管结合转变政府职能工作方案》。

（一）顶层设计遵循四大原则

在改革试点初期，就注重系统推进。上海市公务员主管部门按照国家分类改革文件从严、从紧把握，研究制定了《关于扩大本市行政执法类公务员分类管理改革试点的指导意见》，指导各试点单位开展改革试点工作，并始终把改革的重点放在分类机制的建设上。其先后研究制定了《行政执法类公务员职务任免升降管理试点工作口径》《行政执法类公务员平时考核办法》《行政执法类公务员队伍能力建设三年行动计划（2016—2018）》《上海市行政执法类公务员从业行为"六条禁令"（试行）》等配套文件，初步形成了覆盖"进、管、出"全过程的分类招录、分类考核、分类培训、分类纪律约束等管理机制。

上海市公务员局有关负责人表示："公务员分类管理是干部人事制度改革的重要内容，必须要与我国政治体制、文化传统、干部制度以及党和国家对各项事业发展的要求相适应。"坚持四大原则，就是坚持党管干部、坚持依法分类、体现职位特点、注重平衡衔接。

为坚持党管干部原则，上海市各区政府贯彻党的干部路线方针政策，立足于上海市公务员队伍的特点和现状，着眼于经济社会发展的需求，吸收干部人事制度改革的成果，体现分类管理的理念。将机关中履行专业技术职责和行政执法职责的公务员划分出来，实现综合管理类、专业技术类、行政执法类三类公务员的分渠道发展。此外，还注重平衡衔接，三类公务员主要立足本类别发展，因工作需要也可以相互交流，从而有利于干部资源优化配置。

（二）坚持综合配套，注重机制建设

在推进行政执法类公务员分类改革工作中，重点突出基层执法队伍，列入改革试点范围的单位都是以现场执法为主要职责的部门，将主要从事行政处罚、行政强制、行政检查工作并具有现场性、执行性特点的职位设置为执法类职位。实行执法员额控制，严格把握员额核定标准，以"三定"规定为基础，结合人员职务职级现状，总体把握试点期间"从严从紧、预留空间、总体平衡"的原则，按照干部管理权限，由各级公务员主管部门核定执法职务职数，市工商局检查总队全员纳入执法类公务员序列。

按照相关文件要求，上海市工商局进一步细化试点工作，制订了《开展行政执法类公务员分类管理改革试点的工作方案》《关于行政执法类公务员职务套改工作方案》，以及《关于开展行政执法类公务员职务晋升工作的方案》等一系列文件，并指导市局检查总队、机场分局，以及各市场监管局研究制定行政执法类公务员绩效考核办法和与之相匹配的奖金分配方案，确保试点改革工作整体推进，各项管理机制逐步完善，各项任务落到实处。

（三）坚持力量下沉，实行员额管理

我国公务员共设级别27级，专业技术类公务员从26级起步，比行政执法类和综合管理类公务员起点高一级；专业技术类一级总监最高能到8级（相当于综合管理类非领导职务巡视员），而行政执法类督办才到10级。

上海市公务员局表示，在对机关公务员职位性质、职责和工作内容等要素进行深入分析、合理分解的基础上，立足于职位职责特点划分专业技术类、行政执法类公务员，打破职场晋升的“天花板”，吹响精细化、科学化管理的“集结号”。

分类改革是公务员制度改革的基础性工作。换句话说，以前的专业技术类和行政执法类公务员的薪酬、晋升方式都是参照或者相当于普通公务员，今后这两类公务员将有自己的一套体系。

制度设计主要考虑基层实际，向基层倾斜，调动基层公务员积极性，同时通过从严管理提高执法效能，按照规定的权限和程序认真履行职责，坚持依法行政，做到严格、规范、公正、文明、执法。

（四）建立全新的职务序列

在职位管理上，实行职务单独序列管理，采取条件管理和职数控制相结合的方式，着力拓宽执法类公务员职业发展通道。改革试点阶段，上海市对二至四级主办、一至二级行政执法员实行条件管理，根据任职年限、职业资格、工作表现等，实行差额择优晋升；而对一级主办、一至四级高级主办，在条件控制的基础上，实行职数控制。职务套改入轨完成后即组织开展首次职务晋升。

在职务套改阶段，上海市严格按照国家文件规定，明确平移原则，实施职务套改。要求行政执法类公务员必须在编、在岗且具有执法资格。11个职务层次晋升相比之前基层公务员仅2个职务晋升台阶，职业发展空间被打开，职务层次每层对应数级，如一级、二级行政执法员每层次对应8级。增加了级别晋升台阶，基层一线执法人员多、天花板低、晋升台阶少的问题就得以解决，现在职务晋升可以解决级别，职务不晋升也可以晋升级别，一职数级，上下交叉。

2016年4月18日，中央全面深化改革领导小组会议审议通过了《专业技术类公务员管理规定（试行）》《行政执法类公务员管理规定（试行）》，明确了公务员分类改革的方向。这两项规定审议通过，标志着我国公务员分类管理的制度框架体系基本确立。上海市三区试点的公务员分类制度改革又向前推动一步，落地生根。这两项规定提供了适合专业技术类和行政执法类公务员成长规律的职业发展阶梯，并明确规定转任其他类公务员须在现类别职位工作满5年，这一举措提高了转任的成本，鼓励在公务员同一类别职位专心提高专业能力。这使得这两类公务员在各自独立的职务序列逐级晋升。

（五）坚持基层导向，加大激励保障

公务员分类改革涉及所有公务员的切身利益，薪酬配套改革、不同类别的平衡和职数核定至关重要。为了确保公务员分类改革全面入轨，需及时出台配套薪酬制度，职位分类与薪酬待遇挂钩、薪酬待遇与考核挂钩，才能切实保障公务员分类改革的效果。

在薪酬管理上，上海市积极探索建立适应执法特点的薪酬体系，在国家出台相关具体方案前，明确行政执法类公务员绩效奖励比综合管理类公务员高7%。同时，优化工资收入结构，完善绩效考核奖金，增设执勤岗位补贴，与早班、夜班、加班等户外执勤直接挂钩，增强改革带来的获得感。

行政执法类公务员较低职务层次增加了级别的台阶，专业技术类公务员起点级别设定高一级。级别一方面是公务员职业成长的台阶，另一方面要体现待遇。要实现基层公务员的有效激励和增强专业技术类公务员职位的吸引力，需赋予级别实在的经济功能。级别晋升体现在薪酬福利提升，住房、医疗、保健等福利待遇与级别挂钩。专业技术类的公务员类别应体现在级别对应关系上，做到目标与举措名副其实。

职数按公务员职位数量的一定比例核定，专业技术类职位设置根据工作性质、专业特点和管理需要，行政执法类职位设置根据工作性质、执法职能和管理需要。全国全面推进公务员分类改革，职数核定应根据实际情况确定，回归职位和客观需要本身，切不可回到领导职数定非领导职数、机构规格定职数的传统办法。

三、方兴未艾，改革进入深水区

时间进入2017年，经过几年的探索与实践，上海市公务员分类管理改革工作已卓有成效，改革也进一步迈入深水区。

针对行政执法类公务员改革，上海市扩大改革试点范围，按照工作步骤和时间节点，实施并完成第二批市、区相关专业执法队伍的分类管理试点。上海市已将这项改革试点深化扩大至全市其他13个区县。此外，税务系统改革试点工作将适时启动。在2017年的上海市公务员管理工作中，专业技术类公务员改革被提上日程。

2017年2月，上海市公务员局官网发布了《2017年上海市公务员管理工作要点》（以下简称“要点”）。要点提出：研究准备专业技术类公务员改革试点。专业技术类改革，将借鉴行政执法类改革试点的经验做法，在总结上海市公安警务技术职务序列分类管理试点的基础上，做好相关政策储备。接下来，将在专业技术人员比较集中、条件比较成熟的单位或部门，开展专业技术类公务员管理改革调研。

另外，在总结浦东、徐汇两区公安分局试点经验的基础上，按照国家部署扩大公安职务序列分类改革范围，上海市组织开展警察职务序列改革试点，会同市公安局在全市公安机关开展改革相关工作。

（一）人才招录，梯度选拔

公务员的录用选拔，也是社会颇为关注的问题。继续区分选调生和行政执法类公务员，通过招录时间、招录方式及录用后续管理的差异化设计，完善分类招录机制。目的是优化笔试和面试的选拔方式，提高公务员选拔测查水平。此外，在探索完善公务员招录工作的基础上，根据国家总体要求和实际情况，探索专业要求高、机关紧缺岗位的招录新机制。

上海市按照党政干部后备人才队伍培养需求，将选调生招录选拔与自身公务员招录、事业单位专业技术人员招聘、大学生村官及“三支一扶”服务基层队伍招募等进一步统筹结合，从而形成一条具有层次梯度的人才招录选拔链。同时，对这些选调生也将进行有计划、有针对性的培养和跟踪管理，按照人岗相适原则，逐步将这些选调生充实到各级各类岗位，为上海市创新驱动发展、经济转型升级提供人才支持。

（二）新任干部，集中轮训

强化推行上海市公务员队伍的教育培训工作，其中一项重要工作是开展换届干部能力素质培训。按照上海市委部署要求，对换届后各区新任领导干部进行集中轮训。2017 年，上海市将依托“2 + X”专题研讨班、任职培训班、正处级领导干部能力提升培训班、处级领导干部专题培训班等班次，对各区新提任区领导和乡镇街道处级领导干部进行全员培训。

此外，围绕 2017 年上海市委、市政府确定的重点工作任务，上海市举办了 6 期“2 + X”专题研讨培训班，均涉及如领导干部城市规划建设、产业转型升级、社会治理创新、城市管理补短板等重点领域。

与此同时，上海市公务员局不断推进公务员考核工作。行政执法类公务员在从业中如违反“六条禁令”，将在平时考核和年度考核中被给予“一票否决”。上海市公务员局将会同相关业务主管部门对“六条禁令”的执行落实情况开展监督检查，从严管理公务员队伍，把行政执法行为的“红线”、职业操守的“底线”变为实实在在的“高压线”。

（三）因类施训，分类管理

在公务员主管部门的大力支持下，以优化来源结构为目标，组织实施行政执法类公务员专项招录工作。2017 年，上海市各区市场监督管理局（简称监管局）共专项招录市场监管执法人员 150 名。在招录工作中，针对行政执法类职位特点创新考试内容方式，在笔试环节，突出对考生一线执法能力素质的考察，重点测试依法行政意识及法律法规素养；在面试环节，对部分基层一线执法职位增设了体能和心理测评环节，确保新招录人员具有满足工作所需的身心素质条件。

以落实因类施训为抓手，根据上海市场监管体制改革的实际需要，按照通专结合、一专多能的要求，将行政执法类公务员培训分为通用知识、专业知识和作风纪律三大模块，依据新录用公务员、一线执法人员、基层领导干部、专业技能人才四类培训对象的岗位特点，建立了集中授课、实际操作与上机测试为一体的因类施训模式。按照行政执法类公务员能力建设三年行动计划的安排，对全市四级高级主管（处级）以下行政执法类公务员开展全员培训。培训采取在线培训、统一笔试的方式进行，并确保参训率达到 70% 以上。通过多方面培训，帮助参训学员不断增强法治意识，掌握从事行政执法工作必备的知识技能。

【问题】

1. 上海市的改革试点取得了哪些成果，为什么？

2. 从服务型政府角度分析上海市改革试点的理论依据。

3. 对上海市进行公务员职位分类管理改革试点工作进行 SWOT 分析。

4. 谈谈你对上海市公务员职位分类管理改革的看法。

【分析】

1. 上海市的改革试点取得的成果及原因

自 2015 年起，上海市启动实施行政执法类公务员分类管理改革试点，到 2017 年，改革已经进行了两年之久。通过采取一系列措施，提升执法队伍建设水平。这一改革涉及五个方面：一是坚持执法力量下沉基层，实行员额管理。将主要从事行政处罚、行政强制、行政检查工作并具有现场性、执行性特点的职位设置为执法职位，引导执法力量向基层下沉。二是在职位管理上，实行职务单独序列管理，采取条件管理和职数控制相结合的方式，着力拓宽行政执法类公务员职业发展通道。三是实施分类专项招录，提高行政执法能力。四是完善绩效考核管理，适应基层执法特点。五是坚持从严管理，以“负面清单”的形式划清行政执法行为的“红线”，强化执法的监督约束。通过这些措施，使得上海市行政执法类公务员分类管理改革试点推进顺利。

在各级公务员主管部门的领导下，上海市工商、市场监管部门行政执法类公务员分类管理改革试点工作进展顺利，基本达到预期目标，不仅有效地推进市场监管体制改革，而且进一步提升了行政执法类公务员队伍的整体素质和活力。

（1）变“独木桥”为“通衢大道”。

在职务职数设置上，改变以往按照领导职数的一定比例设置非领导职务职数的方式，根据试点单位行政执法职位总数的一定比例核定职务职数，进一步拓宽了基层执法人员的晋升空间。在此次试点中，不少一线人员获得职务晋升。单独进行序列管理，可以让一线行政执法类公务员，不用再挤行政级别的“独木桥”，而是有了自己职业体系的“通衢大道”。新的职务序列和择优晋升机制拓宽了行政执法类公务员的职业发展空间，收入分配和激励机制也会向基层倾斜。

（2）推动编制人员下沉，一线执法力量得到充实。

在改革试点过程中，上海市始终坚持将执法力量充分下沉到一线，将执法员额向现场一线执法岗位倾斜。在改革试点中，明确将各区市场监管局基层一线市场监管所、综合执法大队设置为行政执法类职位，不设综合管理类职位，区市场监管局机关暂时不设行政执法类职位，以此确保执法力量下沉到基层一线。“碎片化”执法曾被公众诟病：执法人员“出工不出力”、因单个部门无法解决只好“遇到问题绕着走”。过去，很多执法职能分散在管理部门，导致执法力量分散，不能起到“拳头作用”。综合执法后，不仅原工商行政管理局（简称工商局）、原质量技术监督局（简称质监局）、原食品药品监督管理局（简称食药监局）合并成立了新机构，在街镇也组建了融合原三局业务的市场监管所，避免“上合下不合”的问题。

城管执法、市场监管与百姓工作生活息息相关，及时发现问题并快速处置至关重要，因此执法重心下移是必然趋势。以浦东新区为例，改革后市场监管局内设机构由原来3个局共29个减少到17个，精简了约41%；机关编制从264个减少到198个，精简了25%，基层一线人员占公务员总量80%以上。相关负责人表示，从三个区的试点情况看，列入行政执法类公务员的员额，充分体现了面向基层一线、执法效能的改革导向。

（3）建立因类施训模式，“充电”增强本领。

通过不断探索，进一步创新培训内容及方式，上海市建立了因类施训模式，对新录用的公务员采取单独组织的方式，实行封闭式集中初任培训；对基层领导干部采取举办专题培训示范班的方式，有组织有计划地进行轮训；对广大一线执法人员，采取线上线下相结合的方式，积极开展全员培训，达成分类培训的目标任务要求。市场监管一线人员中具备全领域执法能力的全科型执法员比例达80%，基层领导岗位全科型比例达100%。本领可以通过“充电”获取，更关键的是执法理念悄然的改变。让群众满意、让企业受益，这一改革的落脚点，在行政执法类公务员群体中形成共识。

近一年内，很多基层公务员的关键词就是“充电”，他们参加相关部门组织的各项目业务培训，相互学习、取长补短。工作时间不“解渴”，业余时间继续挑灯夜战。一些老职员还会现场带教。如果没有扎实、过硬的业务知识和技能，以后很难面对执法对象。

（4）激励约束并重，精神面貌显著提升。

在试点工作中，充分考虑行政执法类公务员“白加黑”“户外执勤”以及早班、夜班、加班等特点，在制定和执行政策时始终坚持实行“两倾斜、两挂钩”，即向现场执法倾斜，向主办人员倾斜；与办案质量挂钩，与管理成效挂钩，注重体现行政执法类公务员的工作实绩和贡献，这充分调动了行政执法类公务员的积极性。同时，认真贯彻执行《上海市行政执法类公务员从业行为“六条禁令”（试行）》，以“负面清单”的形式划清行政执法行为的“红线”，并在考核上建立“一票否决制”，最终使得公务员的执法状态和精神面貌得到明显提升。

“改革后执法主体和责任主体统一，相互推诿的情况不大有，还补上很多监管空白区。”浦东新区城管执法局局长曹亚中说，以燃气管道占压隐患整治为例，发改委有执法权但无执法队伍，将问题移交给城管执法局后，一年查处的隐患点就有上百个。与此同时，相应的约束机制也开始试行。浦东新区市场监管局局长陈彦峰介绍，浦东制定的《上海市行政执法类公务员从业行为“六条禁令”（试行）》，规定包括：严禁辱骂、殴打当事人；严禁侵占、挪用、损毁当事人的财物；严禁隐瞒、包庇、纵容违法行为；严禁接受当事人的宴请、送礼；严禁在工作期间饮酒；严禁着制服或者使用执法车辆到经营性场所消费。违反禁令的，依据相关法律法规，追究相应责任；构成犯罪的，移送司法机关追究刑事责任。

2. 从服务型政府角度分析上海市改革试点的理论依据

服务型政府的建立并非偶然，而是历史规律的必然，是符合现实发展的结果。正如亨廷顿指出："各国之间最重要的政治分野，不在于它们政府的形式，而在于它们政府的有效程度。"中国多年的行政改革使得人们逐渐达成了这样一种共识：政府权力的集中与分散、政府规模的大或小，未必是一个好政府的主要标志，一个良好的政府，应该是有效履行公共管理和公共服务职能的"强政府"。

中国传统计划经济体制下形成的管理型政府，由于长期以来过于强调自身的政治职能，而弱化和忽视了社会服务职能，造成政府职能存在大量越位、缺位、错位。因此，政府要重新树立自己的威信，维护自己的合法性，就必须用公共管理的理念改造政府，就必须重新调整国家与社会、政府与市场、政府与企业、政府与公众的关系，完善政府内部组织、运作程序，变革政府治理观念、手段、方式和方法。

服务型政府是"阳光政府、创新政府、责任政府、法治政府"等模式交叉、综合渗透的结果。服务型政府可以使政府能更好地满足社会和公众的需求，适应社会的日益复杂化和社会公共需求多样化的形势。

服务型政府要求政府放权和权力下移。通过建设服务型政府，使中国的政治制度更加合理，社会主义民主更加广泛，广大人民群众参与和管理国家事务的范围和权利不断扩大，基层社会自治更加自主完善，从而向推进政治体制改革迈出了坚实的一步，找到了一个合适的突破口。

建设服务型政府，是执政为民，是习近平新时代特色社会主义思想的具体体现。中国共产党是代表中国先进生产力的发展要求、代表中国先进文化的前进方向、代表中国最广大人民根本利益的党，全心全意为人民服务是党的根本宗旨。增进民生福祉是我们党坚持立党为公、执政为民的本质要求。习近平总书记指出："让老百姓过上好日子是我们一切工作的出发点和落脚点。"

政府要用市场经济的观点和方法解决机构设置重叠、职能交叉、政出多门、重复管制等问题，努力把政府工作重心转移到加强市场调节、社会监管、依法行政、公共服务等职能上来，不断进行自我发展、自我成长和自我完善，进行全方位的深化改革。向服务型政府转变主要包括以下 4 个方面。

（1）在政府行政程序上，要公开透明，建设阳光政府。政务必须向公众公开，包括政府组织的办事程序公开、常用法规公开及办事结果公开等。

（2）在政府行政功能上，要把建设服务型政府作为政府工作的宗旨，寓管理于服务中，为企业发展创造良好的、公平的竞争环境，为公民提供完善的公共服务。

（3）在政府行政机制上，要建设创新型政府。政府管理制度创新具有必要性，首先是为了提高政府的活力和效率，其次为了适应政治、经济全球化的需要，必须进行管理制度的创新，最后是为了解决国内经济发展的具体问题，不断创新要求政府制度。

（4）在政府行政技术手段上，电子政务是信息化时代的产物，也是建设服务型政府的重要基础。这使老百姓得到更广泛、更便捷的信息和服务，还可大大降低行政成本，提高政府服务效率，进一步规范政府行为方式，改变政府与企业、公民之间信息不对称的情况，做到透明化、公共化，从而减少腐败现象。

3. 上海市进行公务员职位分类管理改革试点工作的 SWOT 分析

SWOT 分析方法的出发点是每一个组织的战略都应以己之长，攻敌之短，利用机会，避开威胁，既能积极进攻，又能积极防御。根据上海市公务员职位分类管理的现状，现对上海市推行公务员职位分类管理改革工作的优势、劣势、机遇、威胁进行分析，为改进上海市公务员职位分类管理工作提供科学依据。

（1）上海市区基层公务员职位分类管理改革试点的优势。

① 领导支持。试点相关工作需要开创性实施探索，领导的支持至关重要。上海市工商机构、市场监管机构的领导非常重视公务员职位分类改革，并安排相关人员，圈定下属试点区，成立项目工作小组。其工作态度十分认真，对此项工作相当重视，为试点工作的顺利进行提供了组织保障。

②干部队伍素质较高。上海市是全国经济中心，教育水平发达，45% 以上的干部是大学本科学历，综合素质较高。试点工作中遇到困难时，高素质的干部队伍互相积极配合，可有效地解决问题。

③试点经验丰富，敢于创新。上海市是一个国际性大都市，教育水平相对较高，具有大量的改革试点所需要的专业性人才和信息技术支持，使试点改革具有足够的人力、财力、物力支持，在多次不同的试点改革中取得较好成绩，其是我国试点改革的先驱。

（2）上海市公务员推行职位分类管理的劣势。

①职位分类实施前缺少调查分析。职位分类实施时必须先对各单位职能及各职位职责做调查，并进行工作分析，这也是确定职位规范的前提和依据。之前上海市公务员职位分类管理实施缺乏有效的分析调研，无法对公务员的职位设置进行科学的规划。

②职位分类实施方法、手段落后。上海市公务员职位分类实施手段比较落后，缺乏定量分析的方法，不能适应现代公务员工作开展的需要。例如，未对职位说明书进行定性填写，缺乏系统性的总结，最后导致职位说明书往往反映的是职位分析员个人对工作的感性认识，不够科学。

（3）上海市区基层公务员职位分类管理改革试点的机遇。

①国家公务员职位分类管理制度趋于完善。从 1993 年 10 月《国家公务员暂行条例》的实施，到两个规定、“六条禁令”的试行，形成了覆盖“进、管、出”全过程

的招录、考核、培训、约束等管理机制。

② 上海市政府的发展目标对基层公务员提出了更高的要求。随着改革的深入，对执法队伍建设的要求越来越高，迫切需要推进干部人事制度配套改革。为推进政府职能转变，落实“放、管、服”改革要求，2015 年 6 月，上海市全面完成了区级层面市场监管领域综合执法体制改革，整合机构职能，充实执法力量，市场监管重心向事中、事后监管转变。

（4）对上海市公务员推行职位分类管理的威胁。

①市场经济的发展对上海市公务员的工作能力提出了更高的要求。随着我国社会主义市场经济体制的建立和完善，工商行政管理部门担负着确认市场主体资格、规范市场交易行为、维护市场经济秩序的职责。但其在队伍建设方面还存在一些问题，影响了工商行政管理部门的工作效能和可持续发展。建设一支高素质的公务员队伍，是工商行政管理部门履行市场监管执法职责的重要组织保障。

②基层公务员的外部环境对职位分类管理工作存在不良影响。由于受到淘汰制度、奖惩制度、晋升制度等的影响，对公务员参加职位分类管理的积极性、主动性产生一定的不良作用，从而影响公务员的工作效果。

综上所述，尽管上海市公务员职位分类管理工作有着一定的优势和良好的机遇，但由于内部劣势和外部威胁的存在，使上海市公务员的分类管理出现了许多问题，影响了今后上海市乃至全国公务员人才的培养和发展，因此，上海市公务员分类管理工作的改革已迫在眉睫。

4. 对上海市公务员职位分类管理改革的看法

（1）改革之路任重道远。

改革是一个“摸着石头过河”的过程，前路不明，只有通过不断摸索，才能不断前行。在这个过程中涉及各方面的利益纠纷，如何协调各方面的利益，做到利益损失的最小化，需要的不仅是有效的改革方案，还有强有力的驱动力和不断解决各种突发问题的能力。上海市的公务员分类改革自 2015 年起施行，从改革的整体来看效果突出，出现问题也在所难免。行政执法类改革到专业技术类改革的推进是一个不断上升和深化的过程；行政执法类的工作和专业技术类的工作有明显区别，专业性和技术性的过高要求，导致同样的改革方式不一定完全适用于专业技术类领域，如何做好此次改革及如何解决行政执法类改革过程中遇到的问题，并且探寻出一种可以适用于全国的改革措施，上海市的公务员分类管理改革还有很长的路要走。

上海市的这次改革受到了社会各界的广泛关注，各方对于上海市行政执法类改革的观点也褒贬不一。社会上对改革提出的各种问题，也无形中增加了改革的压力。我们不能否认，上海市的改革有成功也有不足，如何处理好公众的疑惑，解决一直存在的及在改革过程中产生的问题，是上海市政府必须面对的现状，也是我国在推进服务型政府建设、加强公务员管理的过程中要解决的问题。

（2）成效有待未来检验。

为适应新时代要求，提升综合执法能力，上海市深化行政执法类公务员分类管理改革从未停止。为大力推进政府职能转变，落实“放、管、服”改革要求，上海市在市场监管和城市管理领域率先推进综合执法体制改革，努力打造权责统一、权威高效的行政执法体制。执法领域、执法对象、执法内容、执法方式的变化，对行政执法类公务员的业务知识、执法能力、精神作风等都提出了更高要求。

为打造一支全科型行政执法队伍，上海市公务员局还把全员培训作为重点，接下来将会同上海市市场监管工作党委、市城管执法局、市干部培训中心和市职业能力考试院共同组织实施上海市行政执法类公务员全员执法培训，有效提升全市行政执法类公务员队伍的能力素质，提升法治思维和法治意识，增强依法行政本领，有助于打通监管执法“最后一公里”，进一步提升城市的精细化管理水平，维护上海市良好的社会秩序。

最后，上海市公务员局表示，完善制度的最终目的还是打造一支信念坚定、为民服务、勤政务实、敢于担当、清正廉洁的公务员队伍，从而完成时代赋予的光荣使命。

上海市的公务员分类改革的过程是一个阵痛的过程，涉及各方面的利益协调，要处理好矛盾以及做到利益损失最小化。从改革的整体来看效果突出，但难免存在问题，仍要面对不同领域中专业性和技术性的过高要求。如何解决行政执法类改革过程中遇到的问题，并且探寻出适用于全国的改革措施，上海市公务员分类管理改革之路任重而道远。

本章参考文献

[1] 吴青阳. 改革，永不止步——深圳公务员分类管理改革三部曲 [J]. 中国人力资源开发，2013（08）：21 -33.

[2] 宋世明. 走出公务员分类管理制度的十字路口 [J]. 新视野，2003（06）：53 -55.

[3] 吴云华. 国外及我国港台地区公务员职位分类研究 [M]. 北京：中国人事出版社，2014.

[4] 宋世明，许丹. 关于中国公务员职位分类的研究报告 [J]. 北京电子科技学院学报，2004（01）：15 -20.

第四章　公务员的录用制度和相应的教学案例

【学习目标】

本章主要介绍了公务员录用制度的含义和原则、录用考试的种类、资格条件、录用考试方法、录用程序等相关内容。重点掌握公务员录用考试的内容和程序；明白公务员录用制度是根据需要，依照法律规定的程序，将符合一定条件的人员录用为公务员，担任某种行政职务的制度。

第一节　公务员的录用制度

一、公务员录用制度的含义与原则

公务员的录用，是指国家机关根据公务员法及有关法规，按照法定的条件和程序，采用公开考试、严格考察的办法，择优录用担任主任科员以下及其他职务层次公务员的活动。公务员录用制度，就是关于公务员录用的各种行为规范和准则的总称。主要内容包括录用的原则、标准、资格条件、方法、程序和录用的组织权限。

《公务员录用规定（试行）》指出，“录用公务员，要坚持公开、平等、竞争、择优的原则，按照德才兼备的标准，采取考试与考察相结合的方法进行”。

公开原则主要是指公务员的录用考试面向全社会，实行公开报考。公务员录用的标准、条件、方法、程序和结果，都应通过多种形式和渠道向社会公开，使报考者具有知情权。平等原则是指公民报考公务员的法律地位平等。凡中华人民共和国公民，只要符合法定的报考条件，不论性别、民族、职业、家庭背景等，在考试录用方面均不得受到歧视或享有特权，具有平等报名考试的参与权，具有通过法律规定的程序被选拔录用担任公务员的平等政治权利。当公民受到不平等待遇时，有权要求法律保护，维护其合法权益。竞争原则是指公务员考试在全社会范围内公开进行，公开竞争。严格按照考试排名进行录用，并考察本人政治思想和道德品质，按照报考者的素质条件甄选。严格按照考试录用工作的各个环节要求，通过报名与资格审查、笔试、面试、体检、考核等层层筛选，层层淘汰，以保证录用的公务员具有较高的政治素质和较强的工作能力。择优原则是指报考者能否被录用，完全取决于本人的政治、业务素质。

机关确定录用人选时，必须严格依据报考者的成绩和考察结果，通过各轮筛选，录用真正的人才。做到公正、平等、竞争，是择优原则的重要保证。

二、公务员录用考试的种类与录用的资格条件

录用担任主任科员以下及其他职务层次的公务员，原则上采用公开竞争性考试的办法，测验应试者从事管理工作的潜在能力及业务知识和技能。但是，录用特殊职务公务员，经省级以上公务员主管部门批准，可以简化程序或者采用其他测评办法进行，即采用非公开竞争性考试的办法。

公开竞争性考试，是指考试是开放性的，实行面向社会公开报名的原则，凡具备报考资格条件的公民都可报考；考试成绩也要公开，允许查询；整个考试过程要接受社会的公开监督等。同时，这种考试要按照公务员录用的程序进行，以充分体现竞争精神。在一些特殊职位录用公务员时，可以不采用公开竞争性考试的办法，也可简化公务员法规定的录用程序或者采用其他测评办法。适用非公开竞争性考试办法的情况，大体有以下几种：第一，因职位特殊不宜公开招考的；第二，因专业特殊难以形成竞争的；第三，录用主考机关规定的其他情况。

需要注意的是，采用非公开竞争性考试方法录用公务员的特殊职位以及如何简化程序，采用什么样的测评办法，必须经省级以上公务员主管部门批准，其他任何机关不能自行决定。

因为公务员代表国家执行公务，所以报考公务员者必须具备一定的资格条件。在我国，可将这些条件分为基本条件与限制性条件两类。

基本条件是具有中华人民共和国国籍；年满十八周岁；拥护中华人民共和国宪法；具有良好的品行；具有正常履行职责的身体条件；具有符合职位要求的文化程度和工作能力以及法律规定的其他条件。

在我国公务员录用的实际工作中，还需掌握一些限制性或称否定性的资格条件，凡具有这些否定性资格条件所列情况之一者，即被认为不能报考公务员。这些条件主要有：曾因犯罪受过刑事处罚的；曾被开除公职的；有法律规定不得录用为公务员的其他情形的。

三、公务员录用考试的方法

公务员录用考试的方法通常包括笔试、面试、实际操作、情景模拟和心理测验等多种形式。下面主要介绍笔试和面试两种方式。

笔试主要是运用文字来论述、解答、判断所考的问题，从而对报考者的知识水平、文字表达能力、分析能力、思维能力等进行测试。笔试的基本形式有两种：论文式和直答式。我国公务员笔试包括公共科目（一般为行政职业能力测验、申论等）和专业科目。其中行政职业能力测验主要考察报考者担任公务员应具备的基本知识和潜力，

均为标准化试题。申论是根据一系列材料，进行分析写作。笔试的优点一是经济性，可以在同一时间、用同一试题，对众多报考者在不同地点进行考试；二是客观性，主考人与应试者不直接接触，评卷有客观尺度；三是包容性，考试内容涉及众多学科，题型多、题量大。笔试的缺点包括难以对报考者实际工作能力和综合素质进行全面掌握，更不能掌握其政治态度、道德品质等素质。

面试指主考人对应试者运用口头语言提问的方式进行的测试，主要用于考察笔试合格的应试者是否具备拟任职位所需要的实际才能、潜能和某些素质。就面试的形式而言，主要有两种：一种是结构化面试；另一种是无领导小组讨论。面试的优点在于易于观察应试者的举止仪表和能力素质等，但是仅通过面试不能全面掌握报考者的知识水平，评分时也容易受到考官主观印象的影响。

笔试和面试相互结合，才能科学地选拔人才。

四、公务员录用考试的内容

公务员录用考试不仅考察应试者的知识和专业水平，而且更着重考察其研究、分析和解决实际问题的能力。我国公务员考试在内容设计上主张博专结合，以博促专；考试内容大致可分知识测验、能力测验、情景模拟与心理测验三种。

知识测验主要包括基础知识和专业知识两部分。基础知识主要是指担任公务员必备的知识，如政治理论方面的哲学、邓小平理论与“三个代表”重要思想以及科学发展观等理论，行政管理，公文写作，科技知识，申论与行政职业能力测验等。专业知识主要是指从事某一专业或职位所必备的业务知识。

能力测验包括智力测验和技能测验。智力测验是公务员考试的重要内容，一般是借助于文字、图形、符号、数目、推理等手段设计出成套的测试卷，对应试者记忆能力、分析观察能力、综合归纳能力、文字表达能力等一般能力进行测验。技能测验主要检验应试者处理实际问题的速度与质量，检验应试者对知识与智力运用的程度和能力。

情景模拟可以考察应试者的问题处理、领导、适应、创造和交谈等能力，从而获得应试者实际工作能力的直观印象，能考察应试者的真实能力。心理测验可以了解面试合格的应试者的性格、气质、感情变化、仪表和反应，以评定应试者的心理素质。

五、公务员录用考试的程序

根据我国公务员法及有关配套法规，我国公务员考试录用的基本程序如下：发布招考公告，报名资格审查，对审查合格者进行公开考试，对考试合格者进行录用考察、体检、录用。

发布招考公告是公开竞争性考试录用公务员的必经法定程序。招录机关根据职位空缺情况和职位要求，提出招考的职位、名额和报考资格条件，拟订录用计划，公务员主管部门依据招考工作方案，制定招考公告，并通过报纸、电视、电台等手段向社会发布。

符合报考条件的公民可自愿报名。公民报名后，招录机关应对应试者进行资格审查，检查并鉴别各种资格证明材料的可信度，看其是否具备报考的基本条件和所报职位需要的专业条件。经审查，符合报考资格者正式批准其参加考试，并发准考证；不符合报考资格者，不得参加考试。

报考者获得准考证后，将按规定参加笔试和面试，笔试和面试都由国家统一规定或授权有关机关具体规定。一般先笔试，凡笔试合格者将按要求参加面试。面试结束后，按录用主管部门规定的笔试、面试成绩权重计算综合分数，并按成绩高低顺序排列名次。

录用考察是根据考试成绩而确定的、在录用候选人中进行的实际考察和审核，是确定考察合格与不合格的标准。经严格考察后，对符合职位要求且表现优秀者，经体检合格后，择优录用；对不符合职位要求者，绝不录用，以充分体现录用考察的“否决权”作用。

体检是在考试和考察的基础上，对报考者适应职位要求的身体条件的检查。体检的项目和标准要遵循国家统一规定执行，对体检不合格者，招录机关要面向应试者做出必要的解释和说明。

录用这一程序有两个环节，首先提出拟录用人员名单，予以公示；最后审批、备案，至此，录用公务员的程序基本结束。

此外，公务员法对公务员录用考试程序做出了一些特别的规定。主要是针对少数民族应试者的录用规定。公务员法规定：“民族自治地方依照前款规定录用公务员时，依照法律和有关规定对少数民族报考者予以适当照顾。”

录用涉及国家安全、保密或者专门技术性很强的特殊职位的公务员时，不宜进行公开考试，但经中央或省级公务员主管部门批准，可以简化程序或者采用其他测评办法，并按照择优的原则予以录用。

六、公务员录用的主管部门

我国公务员录用的主管机关主要有两个层次，即中央机关公务员主管部门与省级公务员主管部门。此外，必要时省级公务员主管部门可以授权设区的市级公务员主管部门组织公务员录用，但对其权力要有限制。这里“设区的市级”是指地级市、与其规格相当的州、盟、行署等。“必要时”包括两方面的含义：一是设区的市级公务员主管部门有必要单独组织录用事宜；二是设区的市级公务员主管部门有组织录用工作的条件和能力，具体职责应根据授权范围与任务而定。

中共中央组织部与国务院人事部门，即国家人社部，是公务员录用最高管理机构，负责全国录用工作的宏观管理。其主要职责包括：一是根据公务员法拟定公务员录用法规；二是制定公务员录用有关的具体政策；三是对地方公务员的录用工作进行宏观指导与监督；四是负责组织中央机关及其直属机构的录用公务员的考试和备案或审批工作。

省级公务员录用的主管部门包括省委组织部和省级人民政府人事部门，即人力资源和社会保障厅、局。其主要职责为：一是根据公务员法和公务员录用规章制定本辖区内公务员录用考试有关规定；二是贯彻执行国家有关公务员录用工作的方针政策；三是对设区的市级以下国家机关公务员录用工作进行宏观指导和监督；四是组织本辖区内公务员的录用考试并对拟录用人员进行审批；五是授权并监督指导设区的市级公务员主管部门组织录用考试；六是承办中央机关公务员主管部门委托的有关考务工作。

第二节　公务员录用制度的教学案例

教学案例 1

公务员招录频现专业不符怪象 选拔人才需咬文嚼字?

一、笔试面试第一被拒

通过资格审查，笔试面试第一，李媛（化名）以为，这次铁定要被录用了。2016年，这位江苏师范大学文学硕士，在江苏省徐州市事业单位公开招聘中报考了徐州市城市房屋征收办，这是市城乡建设局下辖的一家事业单位。没想到，就在录用结果公示前两个小时，她突然接到城乡建设局人教处的通知——因专业不符，她的录用资格被徐州市人社局取消。

1987 年出生的李媛 2012 年毕业于江苏师范大学，研究生学历，“比较文学与世界文学”专业硕士。毕业后她先后参加过多场当地公务员事业单位招聘考试。事发前，她已是徐州市城乡建设局下属信息中心的编制外聘用人员。

为了获得梦寐以求的“编制”岗位，2016 年年初，李媛再次准备参加当地事业单位招聘考试。3 月，她通过网络报考涉案岗位——徐州市城乡建设局下属单位徐州市城市房屋征收办这一工作岗位，该岗位共有六个专业要求，其中包含“中国语言文学”专业。李媛的硕士专业为“比较文学与世界文学”，属于一级学科“中国语言文学”下属的硕士二级专业方向。李媛认为自己各方面符合招考要求，于是按照规定进行了网上报名，很快初审通过了报名资格，4 月 16 日，李媛参加笔试，成绩合格，并通过了招考单位徐州市城市房屋征收办对其进行的资格复审。6 月 4 日，李媛通过面试，顺利进入体检考察环节，李媛笔试、面试、总成绩均为第一名，体检也顺利通过。徐州市城乡建设局和徐州市城市房屋征收办考察认为李媛合格。

然而，在公示拟聘人员名单前突生波澜，徐州市人社局审核拟聘人员信息时，认为李媛所学专业与涉案岗位的专业要求不相符，不能作为被聘用的对象，并口头告知徐州市城乡建设局。8 月 1 日，徐州市城乡建设局告知李媛上述情况，并且当日徐州市人社局公示的招考拟聘人员名单中，李媛不在名单之内。8 月 5 日，该岗位招考成绩第二名者，被通知递补参加体检、考察。

李媛的研究生专业是“比较文学与世界文学”，徐州市招聘专业要求的专业是“中国语言文学”。她的母校认为，按照国务院学位办的划分，“中国语言文学”是一级学科，“比较文学与世界文学”专业属于该学科下的八个二级学科之一。虽然教育部认定两个专业是隶属和被隶属关系，但徐州市人社局认为，李媛的专业属于“中国语言文学类”，不是“中国语言文学”，“差一个字都不行”。

李媛报考的岗位，要求“硕士研究生及以上”学历，可研究生专业中并无“中国语言文学”。李媛说，中国找不出一个硕士研究生，毕业证书上专业那栏写着“中国语言文学”。

“这个事出来以后总得有人承担责任，孩子不能埋单。其实作为家长来说，孩子受到这种不公正待遇，我们心里非常难过。”说话的人是李媛的父亲。一路过关斩将，李媛通过了资格审查，笔试、面试第一，却在公示之前告知她所学专业和招录单位要求专业不符。李媛父亲认为，他的女儿受到了不公正对待，因为至今他们都未收到相关单位的书面通知，“每一关都是人社局审查的。报名时要审查、笔试时要审查、面试时要审查、体检时还要审查，到了政审时也要审查。前面都承认，一关一关过去了，到最后一关把她拿掉，任何理由都不给，也不给我们书面通知，我们都要了多少回，这种不公正的待遇得有人负责任。”

起初，李媛认为只要和用人单位、人社部门解释清楚就没事了，谁知人社部门的态度很坚决。她还专门跑到母校江苏师范大学，就专业归属开出一份证明。江苏师范大学研究生院证明记载，李媛所学专业为中国语言文学学科，“比较文学与世界文学”是教育部认定的“中国语言文学”一级学科下属的硕士二级专业方向。李媛的父亲说：“根据他们的文件，他们是有查究的资格的，但他们查究的应该是违法乱纪而不是孩子的专业。他们查究错了，刚开始报名的时候把我们就审核掉不就行了嘛。”

教育部官网上的《授予博士、硕士学位和培养研究生的学科、专业目录》是国务院学位委员会学科评议组审核授予学位的学科、专业范围划分的依据。该目录显示，“中国语言文学”为一级学科，“比较文学与世界文学”是“中国语言文学”下面的八个二级学科之一。此外，在江苏省 2016 年公务员招录考试专业参考目录中，具体专业中也没有收录“中国语言文学”。一位高校中文系教授就此事说道，“比较文学与世界文学”就是中国语言文学学科下面的一个专业方向，两者就是一个专业。

李媛的父母都曾在国企或事业单位工作。“摊上事儿了”，一家人能想到的维权方法就是一步步地走程序。为了给女儿讨个说法，李媛的父亲去徐州市政府法制办申请行政复议。没想到接待的人不收材料，“说到他们那也没用。”李媛给徐州市人社局“局长信箱”写信，等待数天后依然没回音。李媛只好致电徐州市人社局事业处，请求对方出具一个书面通知单，说明不录取的原因。工作人员表示，“我这里开不了，也不知道哪个地方能给你开这个证明。”电话抗议、局长信箱、行政复议、司法诉讼，李媛的申诉绕了一圈又一圈。报考专业设定中这个错误的指示牌，将她带入一个维权迷宫中。然而，尚未有部门愿意对此负责。

经过多日等待，8 月 11 日，李媛终于得到了人社局事业处的回函：经查实《2016 年徐州市公务员招录考试专业参考目录》，“比较文学与世界文学”与“中国语言文学”是中文文秘类中并列的两个专业。这份回函还特别指出，该局在布置资格审查工作时，对招聘单位及其主管部门再三强调，凡设置到专业大类的，专业大类目录中所列专业均可报考；凡设置到具体专业的，毕业证书中所载专业应与公布的专业名称一致。具体到李媛身上，人社局认为，“中国语言文学”是一个具体专业，而非专业大类，李媛毕业证上记载的专业名称和专业要求对不上。

“这完全是‘机械执法’，只要上网稍微查一下，他们就能明白，根本就不存在‘中国语言文学’这样一个研究生专业。”李媛感叹，她拿出一沓厚厚的材料，上面用红笔做着标记，徐州市的专业目录与她收集的这些证据明显相悖。

“我们招的是徐州市的公务员，所以就看徐州市地方的目录。”徐州市人社局宣传处处长谢某解释，“我不太清楚这个参考目录是哪个部门做的，但既然这个目录出来了，我们就按照这个目录来执行。”

李媛的父亲对此哭笑不得。“就好比只招南京、无锡和江苏的考生，我是江苏省徐州市的，他们一瞅，对不上，所以就认定我不符合要求。可问题是，江苏本来就是个省，不是个城市呀!”

因为不服徐州市人社局的取消录取决定，李媛一家于 2016 年 8 月向徐州铁路运输法院提起行政诉讼，将徐州市人社局告上法庭，8 月 16 日徐州铁路运输法院受理此案。2017 年 10 月第一次开庭，初次开庭后，从没打过官司的她，由于过于焦虑，突发疾病进了医院。“我现在有点不敢再考了。”她说。她的父亲表示一定要继续申诉，“这是一辈子的事。”徐州市人社局也认同，“这是一辈子的事。”“我们和这个考生无冤无仇，怎么可能针对她呢?”“我们所有的招考流程都是按照规定来的，绝对公平、公正、公开。”“规定就是这样子的，我们也没有办法。”

李媛不甘心，她在申诉书中写道：“出现这种情况，不管是谁的责任，不能让考生成为牺牲品。”徐州市人社局则回应，每个岗位的具体专业要求由用人单位负责制定，人社局只负责监督指导和查纠。也就是说，如果专业要求制定有误，只能去找用人单位。然而，李媛本来早已通过了用人单位的资格审查。徐州市城乡建设局很早就告诉这位笔试面试第一的考生，认定其专业不符的是人社局。兜兜转转，李媛又回到了原点，她还是不知道，到底谁该为此负责。

二、一审——徐州人社局程序违法

2018 年 2 月 23 日，文学硕士状告人社局一案在徐州铁路运输法院一审宣判。法院审理认为，徐州市人社局取消李媛聘用资格具有事实根据和法律依据。《2016 年徐州市公务员招录考试专业参考目录》是审查徐州市人社局作出取消李媛聘用资格行政决定是否合法的重要依据。该参考目录已经对外公示，考生和招聘单位均已知晓，且应当予以遵循。

李媛硕士研究生毕业证书上载明的专业与涉案岗位的专业要求并不相符。在“专业目录”中，“中文文秘类”包括了中国语言文学、比较文学与世界文学等在内的 24 个具体专业。被告徐州市人社局公布的涉案招聘岗位六个专业要求（文艺学、语言学及应用语言学、汉语言文学、中国现当代文学、新闻学、中国语言文学）系从上述二十四个专业中选取，并不包括“比较文学与世界文学”专业。

徐州铁路运输法院同时指出，国务院学位委员会和教育部联合印发的《学位授予和人才培养学科目录（2011 年）》并未对学位和学历证书上的专业作具体规定，我国目前也无其他法律规范对研究生学历证书具体专业的填写做出统一规定。学历证书的学科专业内容原则上应根据学校的招生简章所示的学科专业填写，一级学科和二级学科均可作为具体专业填写，中国语言文学可以作为硕士招生的专业方向，并在硕士学位的学位证书上予以载明。

法院认为，李媛所说的“比较文学与世界文学”属于中国语言文学下的二级学科，实际上是混淆了我国高等教育学科分类与人社部门人才招聘岗位专业要求之间的关系。岗位招聘设置所列明的是“专业要求”，而非学科要求。

但法院同时认为，徐州市人社局取消李媛聘用资格程序违法。徐州市人社局取消李媛聘用资格前，未告知李媛陈述、申辩的权利，违反正当程序原则及事业单位公开招聘程序要求。

本案中，徐州市人社局在李媛即将被公示为涉案岗位拟聘人员时，以其不符合涉案岗位专业要求为由，取消其聘用资格，必然对李媛的实体权益产生影响。

基于上述理由，法院认为，徐州市人社局取消李媛事业单位聘用资格事实清楚、证据充分、法律依据明确，但程序违法。

法庭上，李媛当庭落泪。

三、当事人父亲表示将上诉

庭审结束后，李媛的父亲对本次判决的结果，他表示“无法接受”，并称“将上诉”。他说，法庭认定了人社局程序违法，但没有人承担相应的违法责任。也就是说人社局只是程序违法，但却不能恢复李媛的录取资格。另外，专业既然不符合，为何当初在参加笔试面试资格审查时，却能通过审查？这一点也让人产生疑问。他认为，专业设置的解释权应该在教育部门，而非人社局。在法院判决中作为重要依据的《2016年徐州市公务员招录考试专业参考目录》是由徐州市人社局自行制定的，且其中对专业的分类，明显与省、国家级的学科分类目录存在不同，过于随意。

四、争议——“中国语言文学”是专业还是学科

该事件被《中国青年报》以《女硕士笔试面试第一只因一字之差被拒“编制外》为题进行了报道，多家媒体纷纷转载。从此，该事件在网络上进行了持续发酵。在该事件爆发之后，大部分网络评论，都是为李媛发声，并指责人社局的这种行为，各种猜测、谣言充斥网络。

徐州铁路运输法院对该案件的一审判决书中提到，《2016年徐州市公务员招录考试专业参考目录》是本案审查徐州市人社局做出取消李媛聘用资格行政决定是否合法的重要依据。“中国语言文学”在该参考目录中为“中文文秘类”下的具体专业，而非专业类别（大类）；与该岗位设置的其他五个专业（文艺学、语言学及应用语言学、汉语言文学、中国现当代文学、新闻学）属并列关系。

然而，不少学界专家都对这份目录的有效性提出了质疑，北京大学中国语言文学系副系主任、比较文学与比较文化研究所所长张辉教授认为：“从专业划分角度来说，提到中国语言文学，指的就是一级学科。如果招录单位要求所学专业是中国语言文学，中国语言文学所覆盖的二级学科都应是招录的专业范围。”复旦大学中国语言文学系教授杨乃乔则指出，这份目录是由被告徐州市人社局自己制定的，且其中对专业的分类明显与国家级的学科目录不一致：“一审法院判决的法院通报中，‘徐州市人社局取消李媛聘用资格具有事实依据和法律依据’部分，关于中国语言文学等学科专业划分的文字表述，存在多处错误，徐州市人社局的《2016年徐州市公务员招录考试专业参考目录》在制定之初就比较外行。国务院学位委员会和教育部联合发布的学科目录是最权威的。”

【问题】

1. 结合案例分析，为何公务员考试中有这么多考生“专业不符”?
2. 分析公务员考试招考时出现“专业尴尬”的主要原因是什么。
3. 该案例中法院一审判决的结果给我们带来怎样的反思?

【分析】

1. 多名考生“专业不符”的原因

《2016年徐州市公务员招录考试专业参考目录》并不是与国家教育部的专业设置目录对应的，而是人社部门根据事业单位招录人员的相关要求等制定的，与教育部的专业设置不存在包含或被包含的关系。以本案为例，用人单位所设置的大类是“中文文秘类，”这就是事业单位招录人员的特殊性，其对于所招人员的专业要求是根据岗位设置的。“中文文秘类”包含了二十四个专业，这也是根据专业特点进行的归类，与教育部相关专业从属设置无关。用人单位可自行选择“大类”或“专业”。用人单位如果选择“大类”，即中文文秘类，则此大类下二十四个专业的考生均符合该项报考条件。本案中的建设局未选择“大类”，而是选择了具体的专业，根据专业设置要求，建设局选择了“中文文秘类”所包含的二十四个专业中的六个。李媛所学的“比较文学与世界文学”在此二十四个专业中，但建设局并未选择该专业。

笔试、面试第一名，最终却遭淘汰，在多地曝出的公务员招录、事业单位招聘中，李媛并非第一人。

一则“自考法律专业属不属法学”的消息亦引发社会关注。这则新闻的当事人是西南政法大学的一名法律专业自考毕业生，该生2017年参加四川省公务员考试，报考巴中市平昌县司法局。然而，在已经通过笔试进入面试之际，在资格复审时却被通知专业不符。核对巴中市人社部门的招考目录，对于本科层次的招录，专业要求为“法学类”，确实没有包含法律专业。不过，有媒体就此事致函教育部，得到的回复是：高等教育自学考试法律本科专业属于自学考试专业目录中的法学类，高等教育自学考试的专科（基础科）、本科等学历层次与普通高等学校的学历层次水平的要求应一致。

山西省吕梁市的事业单位公开招聘工作中，有考生因被认定“世界史不是历史学”，在资格复审环节被淘汰。在江苏的苏州市吴江区，一名考生在报考公务员时，被要求开具“中国史”专业就是“历史学”专业的证明。

公务员考试“专业不符”的情况，几乎每年都会出现不少案例。很多考生在报名阶段就有很多关于专业名称的困惑，有的考生不太了解毕业证上所写的专业与学位证上的学位是什么关系；有的考生不太了解一级学科和二级学科是什么关系；有的考生疑惑，招考公告上的专业要求与自己毕业证上专业有细微差别，但与学位证专业一致，不知能否报考。例如，本科阶段开设的会计学专业，对应到学位证上是管理学学士，而不少考生想当然地认为会计学专业属于经济学；有的思想政治教育专业学生，其本科毕业证上为思想政治教育专业，学位证上却是法学学士，这就不同于真正意义上的法律专业。

按照公务员招录和事业单位招聘的报考程序，对于考生报考资格的审核，有初审环节和复审环节。在报名阶段，考生提交报名信息后，招录单位会对报名人员进行资格初审，在面试之前，招录单位将再次对考生进行资格复审。

在上述引起舆论热议的拒录事件中，不少考生是在通过激烈的笔试后，在面试之前被告知专业不符，有的考生甚至在通过面试之后，还因为专业问题被淘汰。

为何到了面试阶段仍存在考生的专业不符问题？原因在于资格初审环节，用人单位往往只审核考生的个人信息是否符合岗位要求，一般不会对信息的正确性进行核查，资格复审时需要考生出具相关证书的纸质原件，这就会出现很多专业不符问题。

也有专家表示，对于专业不符拒录的争议，往往还因为招录单位列出的专业名词与教育部门设置的专业名录不完全对等。此外，也不排除有些单位存在工作不细致或过于机械的问题，甚至可能存在“萝卜招聘”等违规操作。

2. 分析公务员考试招考时出现“专业尴尬”的主要原因

细究不难发现，一些省份使用的专业分类不统一，可能是招考时出现“专业尴尬”的主要原因。有的省份探索出台本省层级的招考分类目录；有的省份参考国务院学位委员会印发的学科专业目录；有的省份尚无明确统一的专业分类。专业分类的不统一，也让招聘单位左右为难。西部某市一事业单位负责人称，上级部门明确要求“招聘中要特别注意专业、学历学位等内容的审查，严禁随意放宽招考资格条件”，而专业多一个字或少一个字都可能涉嫌放宽条件，这让招聘单位有时也很无奈。

公务员和事业单位招考，是否存在统一的专业划分标准，在人社部官网、国家公务员考试录用系统官网上均未搜索到相关标准或解释。关于国考，人社部没有统一的专业划分标准，多数参考教育部公布的专业目录。学科分类由教育部门负责，而人员招聘管理主要与人社部门有关，相关规则的解释权自然也在人社部门。

目前的情况下，国考、省考、地方事业单位招聘尚无统一的专业目录或解释，人社部门相关工作人员即便再全能，也难免挂一漏万，对一些专业分类不熟悉，这就难免“误伤”考生。

其实，招考中的“专业尴尬”，也并非无解。人社部门与教育部门不妨紧密对接，明确规定学科专业目录，并将各省自行公布的公务员和事业单位报考专业设置分类指导目录等进行统筹、规范，每年根据实际情况加以微调。同时，可规定各地在招考时对招考专业及其相近专业做出解释或描述，避免一些地方因“把握不准”而将人才拒之门外。此外，对一些高校设置专业较为随意的情况，教育主管部门应予以关注并视情况纠正，以此维护学术严肃性，确保学生权益不受损。

对类似因“专业尴尬”而起的报考纠纷，有关各方应认真反思并尽量避免，确保为各类人才提供公平竞争的优良环境。

3. 法院一审判决的结果给我们带来的反思

徐州铁路运输法院对案件做出一审判决，一个优秀的硕士毕业生，在公考中经过层层筛选，取得笔试、面试都是第一的好成绩，却因为所学专业不符而不能被录取，着实令人惋惜。尤其是在招录主管部门认为并不相符的两个专业之间还存在着紧密联系的情况下，这样的结果更加引人深思。一审判决公布后风波未息，围绕这一事件的追问与反思仍在发酵。

（1）反思追问必须深入。

通过媒体的报道和一审认定的事实，招考部门在这一事件中出现的问题是显而易见的——既然李媛的专业不符合岗位专业要求，为何能够顺利通过报名初核、资格复审、体检考察等一系列审核过滤程序？如果在李媛报名的时候就及时告知专业问题，能否避免出现这样令人惋惜的结局？环环相扣的审核环节都未能发现如此明显的问题，招考单位的审核是否存在形同虚设或失职渎职的情况？一场事业单位招考，作为主管部门的人社局在发布聘用公示之前才发现问题，那么专业部门是否应当关口前移，最大限度地减少因内部程序和沟通不畅给普通公民带来的不便甚至是伤害？一审法院已经认定有关部门取消李媛录用资格程序违法，那么违法者就应该为此付出代价。任何人都不能因不法行为获益，公权力机关更应如此。不管是不负责任还是沟通不畅，也无论是培训不够还是组织不力，肩负行政职权就代表着政府公信。当具体行政行为给公民带来不便甚至损害的时候，不管存在何种原因，政府公信力的减损都是必然的结果。如本案中，本来是双方对专业理解存在分歧，但因为种种不规范之处，给公众留下了想象空间。有人调侃这是文学硕士遭遇“文字迷宫”，有人质疑这是一场内有隐情的“萝卜招聘”。当建设法治政府成为全社会的共识，每个手握权力的部门和工作人员就更应当认识到依法行政的前提是忠于职守，尽心履职。否则伤害的是公民的切身利益，损耗的是政府的公信力。

（2）信息壁垒必须破除。

通过还原事实，相当一部分人认为李媛应该被录取。一方面在教育部门的专业划分中，“中国语言文学”是一级学科，包括“比较文学与世界文学”专业，一般人都能够认同“比较文学与世界文学”是“中国语言文学”。另一方面，李媛笔试、面试均为第一的成绩也足以说明其综合能力。而徐州市人社局发布的《2016 年徐州市公务员招录考试专业参考目录》却明确把中国语言文学列为具体专业，这也是一些地方人事部门招录工作人员时惯例的表述，在一部分人看来同样也是理所当然。但当有些考生，甚至审核资格的工作人员对其理解产生歧义，进而引发矛盾时，信息壁垒就变得显而易见。“让信息多跑路，让群众少跑腿”是建设服务型政府的庄严承诺。既然将专业是否相符设定为招录岗位的先决条件，就更应当最大限度地打破不同部门之间的信息壁垒，畅通人事部门和教育部门的沟通渠道，让专业描述和定位更加精准。

（3）正当程序必须恪守。

从行政诉讼专业的角度来说，应当重视一审判决对程序正义的强调。程序正义的价值就在于把行政权力关进法治的笼子，让权力沿着法治的轨道健康运行以避免滥用。从实际层面来看，这场深陷争议的招录是否恰当可能存在诸多争论。但是抛开实际层面，从正当程序的角度来观察有关部门的做法，则失范之处颇多。就业是民生之本，关系个体的尊严和幸福，是人生大事。但是面对公民的人生大事，特别是在即将成功的时候，仅以口头通知的形式告知考生专业不符取消其录用资格，显然有失草率。更何况，在关系公民就业的大事上，取消考生录用资格却不告知其申诉权利和救济途径，更背离了法治政府的价值底线。任何时候权力都不能滥用，必须受到法律的限制。法律是权力的底线，敬畏法律、恪守程序也应当被每一个手握公权力的人坚守。一审判决发布后，法院在情况通报最后的表态也更加发人深思：一审法院表示，目前该案一审判决尚未发生法律效力。原告、被告或者第三人若不服该判决均可依法提起上诉。做出判决的法院专门提到各方当事人上诉的权利，这是一份自信，也是基于诉讼程序对程序正义的坚守。一枝一叶总关情，习近平总书记在党的十九大报告中指出，要转变政府职能，深化简政放权，创新监管方式，增强政府公信力和执行力，建设人民满意的服务型政府。如何让人民满意？司法是定分止争的裁决者，但不是一锤定音的一揽子解决方案的提供者。围绕这一事件的思考与争论或许仍会持续，但透过事实本身，对依法行政的反思和对法治本身的坚守更应当被人重视。

此事延宕至今，可谓一波数折。虽先后经历了由当事人与当地人社部门沟通，到诉诸司法，再到当地政府对相关责任人做出“严肃处理”等多个处理环节，但直至今日，不仅当事人仍声称没有得到正义，围观者心中的诸多疑问也没得到明确解答。官方对此事的处理颇为暧昧：只承认拒录程序存在问题，而回避该招录岗位专业要求设置这一关键问题。虽对多人进行了追责，并要求相关部门向当事人道歉，但追责并没有解决争议。很显然，对一个明显疑点重重的行政决定不予纠正，无视其对事业单位招考公平及司法公正可能造成的伤害，才会真正损害国家利益与公共利益。

教学案例2

李明求职验血记

——山西长治公务员考录舞弊案

公务员，历来被视为最稳定的职业，它的录取和晋升的程序都有着不同于其他职业的、严格的规定。自2011年11月9日起，《中国青年报》刊发系列报道，报道了长治籍考生李明（化名）在参加山西省行政机关2011年录用公务员考试中，获得笔试第一、面试第一、总分第一的成绩，却遭遇“被贫血”的离奇经历，此事引起了社会的极大关注与反响。

一、“被贫血”的第一名与幸运的第二名

2011年3月，山西省人力资源和社会保障厅、山西省公务员局联合下发了《山西省行政机关2011年考试录用公务员公告》。2011年4月，长治市人社局开始公务员招录工作，成立招录公务员领导小组并下设办公室，赵某任领导小组成员兼任办公室主任，吉某任副主任。在工作会议上，两位领导对此次招录工作提出了要求、做出了指导，并明确指出，要贯彻公平招考的精神，绝不容许出现任何徇私舞弊的行为。

同年，就读于吉林大学的李明刚刚研究生毕业，他有心回家乡找一份稳定的工作，于是一直关注着家乡公务员的招录公告信息。在那份招录公告里，他惊喜地发现长治市环保局“科员2”这个岗位非常适合他，其专业要求是“环境资源法及相关专业”，这与他所学的环境法专业恰好吻合。于是李明报考了这个岗位，并于4月24日参加了

山西省公务员笔试。5 月 27 日，他查分得知自己笔试成绩为所报岗位的第一名；7 月 28 日，他再次凭借出色的发挥，取得了面试第一的好成绩。

考上公务员的目标已经胜利在望。李明在得知自己总成绩第一后，给父母打了个电话，父母很激动，认为以后儿子就能有一份稳定的工作并且陪伴在自己身边了。

但他们不知道的是，通过了笔试和面试还有更大的考验在等着李明。在接下来的体检中，李明遭遇“被贫血”，一下子失去了成为公务员的机会。

世人总是关注第一名，鲜少有人知道第二名是谁，但这次考试的第二名贾某却有点来头，其父是荫城镇的村支书，经营煤炭生意，党龄三十年，贾某的专业是资源环境科学。根据山西省公务员录用专业设置分类指导目录，贾某所学的“资源环境科学”专业属于第 35 类——“环境科学类”，而长治市环保局“科员 2”专业要求是“环境资源法”专业，属于第 10 类——“法律类”。这样一名专业不符合要求的考生，本该在此之前就被斩落马下，可是她却成功通过了资格复审，参加了面试，并且取得了第二名的成绩。

那她又是怎么成功通过资格复审的呢？

2011 年 6 月 24 日，长治市人社局召开公务员资格复审工作会议，主持会议的副局长赵某认为贾某这一情况属于“相关或相近专业”。这是赵某一个人思考的结果吗？显然，还有其他人从中作梗。

原来贾某父亲在得知女儿可能要因资格复审失败错失当公务员的机会之后，心急万分。通过一张张人情网，成功和赵某搭上了线，通过一番交涉，贾某的资格复审得以通过。

二、兄弟情义不够钱来凑

在考核中，贾某的笔试成绩仅次于李明，是当时考核的第二名。然而，她的专业问题是目前的大问题。在长治市人社局提供的《长治市行政机关 2011 年考录公务员（含参照管理）职位表》上，长治市环保局“科员 2”这一职位的专业要求是“环境资源法及相关专业”，其他要求为空。贾某的专业是不符合要求的，她连进入面试的资格都没有。经过重重人脉关系，贾父找到了长治市长治县人力资源和社会保障局局长王某，在与王某一番接触后，贾某父亲道明了自己的意图，并允诺好处。随后，通过王某的介绍，贾某父亲与长治市人力资源与社会保障局原副局长（分管公务员考录）赵某相识。于是，在召开复审资格会议后，赵某以贾某的专业属于相关专业为由，认为其有资格进入面试环节。

然而，在面试环节中，李明取得了面试第一的好成绩，这就让贾氏父女不得不重新考虑获得这个岗位的方法。虽然取得了笔试面试都是第一的好成绩，但是想成为公务员还要经过体检，这就为贾某成为递补提供了机会。在医院对李明的体检报告做手脚之后，赵某给贾某父亲打了电话，通知贾某可能成为本次公务员考试的递补人员。

三、李明“被贫血”的过程

2011 年 8 月 11 日，李明和其他被通知参加体检的考生一起参加了由长治市人社局组织的、在长治医学院附属和平医院（简称和平医院）进行的体检。在这次体检中，李明的血液标本发生了凝血现象，影响了化验结果，使得李明的第一次体检验血结果中血红蛋白的测定值“畸低”，与“110—160g/L”的参考值有较大差距，同时也低于《公务员录用体检通用标准（试行）》“90g/L（男性）”的相关标准。因此，李明的这次体检被当时的主检医师判定为“不合格”。但在随后的复检中，李明遭遇了“被贫血”，其体检结果遭到了人为篡改。

2011 年 8 月 17 日，第一次体检不合格的李明参加了复检。在复检中，李明血常规化验的各项指标均合格，本来在体检表上“合格”的体检结论，在赵某和吉某的影响下，最终被人为篡改为“不合格”。然而，这份复检的报告上并没有主检医师的签字。在 2011 年的申诉过程中，李明在长治市人社局查看相关报告时就很是困惑为何复检报告上没有主检医师的签字。

不仅如此，根据我国《公务员录用体检操作手册（试行）》中对体检工作程序的规定，“单项淘汰必须经过主检医生审定并签字”，赵某作为非专业人员，是无权做出“单项淘汰”的决定的。同时，根据《公务员录用体检通用标准（试行）》的规定，以血红蛋白（男性）低于 90g/L 得出“不合格”结论有一个前提，即考生须被确诊为“单纯性缺铁性贫血”，但当时李明的体检及复查结果，体检机构并未做出李明患有“单纯性缺铁性贫血”的诊断结论。

2011 年 8 月 17 日下午，赵某和吉某到和平医院了解复检结果。得知李明复检合格后，指使韩某篡改数据，令李明再次不合格。因之前体检时化验员操作不当，影响了体验结果，故韩某怕事情曝光影响医院声誉，竟默许了这种做法。

事后李明接到韩某的电话，韩某暗示他体验结果异常，建议他联系赵某协商。但当天下午，李明多次联系赵某，均未得到回复。当日 18 时许，赵某给李明回电，告知其体检不合格的原因系血红蛋白测定值未达到标准。2011 年 8 月 18 日，吉某向赵某递交贾某的递补体检报告，并经赵某等领导签批同意。次日长治市人社局安排贾某体检，贾某体检合格后进入考察环节。

由于用于检验的血常规检验仪器已被破坏、相关体检数据已被删除，篡改的过程已很难还原。但在一些检验师看来，长治公务员考录体检舞弊案这一“血”的教训的背后，是检验师的自律难敌公权力不自律的尴尬。

在庭审过程中，被告人原检验师杨某表示，她并非李明两次血常规化验的检验师，之所以篡改化验结果，是因为“韩主任要求这么做”。她还表示，如果知道这么改会被追究刑事责任，她是绝对不会改的。

四、法网恢恢，疏而不漏

长治市郊区人民法院于 2012 年 2 月 21 日收到了长治公务员考录舞弊案的起诉

书，共涉及5名被告人，并于2012年4月25日做出一审判决。其中，长治市人社局原副局长赵某，因招收公务员徇私舞弊罪、受贿罪，二罪并罚，被判处有期徒刑11年。公务员管理科原科长吉某犯招收公务员徇私舞弊罪、受贿罪，二罪并罚，被判处有期徒刑1年零6个月。递补考生家长贾父犯行贿罪，判处有期徒刑1年零6个月，缓期两年执行。长治医学院附属和平医院健康体检科原主任韩某、原检验师杨某犯招收公务员徇私舞弊罪，判处韩某有期徒刑1年，杨某有期徒刑6个月，缓期1年执行。一审宣判后，主犯赵某，从犯吉某、韩某当庭表示不服，将提起上诉；贾父和杨某同意判决结果。

在一审宣判中，此前公诉机关对被告人吉某、韩某和杨某指控的部分罪名发生了变化。此前，公诉机关对五名犯罪嫌疑人指控分别为：赵某，受贿罪和招收公务员徇私舞弊罪；吉某，受贿罪和玩忽职守罪；贾父，行贿罪；韩某、杨某，滥用职权罪。在3月20日的庭审过程中，被告人吉某的辩护人指出，李明的两次体检结果是韩某等人改的，如果和平医院方面实事求是，不篡改体检结果，就不会出现李明被淘汰的结果。被告人韩某的辩护人也指出，虽然韩某等人修改了李明的体检结果，但如果长治市人社局对相关流程严格把关，就不会导致李明被淘汰。“这是一起‘多因一果’的案件。”他说，“韩某改体检结果的行为只是其中的一个环节。”

法院的一审判决某种程度上认定了这“多因一果”的现象——在认定公诉机关指控吉某犯玩忽职守罪，韩某、杨某犯滥用职权罪的罪名“均不成立”的同时，将这三名被告人的犯罪行为认定为构成“招收公务员徇私舞弊罪”。

审判长宣读了做出上述判决的理由：“被告人赵某在招收公务员工作中故意徇私舞弊的犯罪行为在先，被告人吉某、韩某、杨某配合被告人赵某徇私舞弊的犯罪行为在后。四名被告人在招收公务员的整个工作中，虽事先无预谋，但却利用其职务之便，相互配合，共同造成李明被淘汰的后果。四名被告人的共同犯罪行为，严重侵犯了国家机关的正常活动和公务员招收工作的相关规定，妨害了国家对优秀人才的正常选拔，造成了恶劣的社会影响。”

2012年1月16日，山西省纪委监察厅通报了对长治公务员考录体检舞弊案的处理结果——共有10人受到党纪政纪处分，其中8人因涉嫌犯罪被移送司法机关处理。

相关通报提到，对于参与删除体检数据的韩某、杨某及另外3人，因未达到起诉标准，检察机关已不再对这一行为进行起诉，但另外3人都已被原单位开除公职。据和平医院副院长朱某介绍，用于2011年长治市公务员考录体检血常规化验的贝克曼牌半自动血球仪也已被公安部门调取。

尽管长治公务员考录体检舞弊案的一审已经落幕，但此案在当地乃至山西省的影响很大。长治医学院纪委书记告诉采访记者，和平医院有着60多年的历史，是晋东南地区最有声誉的医院。但公务员考录体检舞弊案的发生，使一座美丽的“雕塑”上出现了“瑕疵”，长治医学院附属和平医院的领导和员工对此都非常痛心，在事后进行了集中整治。

长治市人社局的相关负责人也表示，人社局会吸取教训，对公务员考录过程中可能出现的薄弱环节进行预防，更加严格、规范地执行相关流程。“按照规定，我们已经更换了今年公务员考录体检的医院。”他补充道。

2012 年山西省公务员考试笔试结束后，招考公告针对资格审查、体检和考察等环节，做出了“亡羊补牢”式的修改。如 2011 年的招考公告提到：“体检或考察不合格的，按照考试总成绩由高到低的顺序依次递补。”但 2012 年的招考公告不但删去了这一条，还增加了“体检应在指定的医疗机构进行”“考察要对报考者提供报考信息的真实性进行复审”等内容。

五、结局是否真的美好?

2011 年 11 月 19 日，山西人事考试网首页更新了头条文章：《关于拟录用李明为长治市环境保护局公务员的公示》。这标志着，在参加山西省行政机关 2011 年录用公务员考录过程中“被贫血”的山西长治籍考生李明的录用程序进入了公示环节，事情到此似乎告一段落，仿佛已经能看到希望的曙光。李明在媒体和纪检监察部门、检察机关的帮助下，终于战胜不正之风，捍卫了自身权益，赢得了最终的正义胜利。但是，现实真的会如此单纯而美好么?

《检察日报》2011 年 11 月 23 日发表文章：《为李明的将来捏一把汗》。文章称：“笔者深深为李明捏了一把汗，甚至能想见他将会面临的尴尬处境。”因为未来李明可能会面临两种选择：一是他该如何面对因他的“执拗”而被审查、批评、教育的领导和同事；二是李明也许会放弃此工作或申请调到其他部门任职。为了千千万万的李明能够端好饭碗，法律的正义应当早一步降临，做好事前预防。通过严格的考试选拔机制和第三方监督机制，真正做到起跑线上的公平。

中国劳动保障新闻网发表文章称：“公考是一个国家良心的明镜，但愿公考能够少些‘门’，让公平公正的‘阳光’洒满大地。”

网易教育认为：“体检”像一块可以肆意涂鸦的白板，演绎出无尽可能。那些层出不穷的“李明”，还能靠舆论的压力而“原地复活”吗？唯有可靠的制度，才能终结公招丑闻；唯有严明的法令，才能遏制权力贪欲！

结语

公务员考试作为我国主要的选拔干部人才的途径，我们有必要加强对考试和录取制度的重视，只有更好地解决公考中出现的问题，我们才能更好地选拔人才，也只有这样才能更好地为国家输送优秀的人才。

【问题】

1. 思考案例中事件发生的原因。

2. 上述案例说明我国公务员考试中侵犯考生权益的行为在一定范围内存在，公考考生维护自己的权益有哪些困境？

3. 公考考生维权是一种合法行为，应该得到保障与支持。分析思考如何在各方面采取改进措施，才能有效解决考生维权中存在的问题，维护公考的公平与公正？

4. 公务员录取如何避免该类事件再次出现，怎样维护公务员录取的公平公正？

【分析】

1. 事件发生原因分析

如果，我们把案例中考生李明因“被贫血”被拒录看作一个值得反思的公共事件，就应该在审视处理结果时，有这样一个追问：造成考生李明被刷的原因到底是什么？我们知道，最终造成此次招考黑幕的是一批舞弊者。如果没有这样的舞弊者，问题就不会发生。而舞弊者之所以能够得逞，根本的原因并不在于其舞弊的动机和行为，而在于他们具有舞弊的空间。如果一件事情具有舞弊的空间，那么舞弊就可能成为一种普遍现象，公务员招录也是这样。当公务员职位成为旱涝保收的“香饽饽”，当国考已成千军万马闯独木桥之势，操纵考试结果的潜在利益就显而易见。此时，问题的关键就在于他们是否具有舞弊的空间，一旦这个空间存在，那么权力寻租的冲动就会释放，类似的招聘黑幕和丑闻还会出炉。

“莲发藕生，必定有根”，公务员招考乱象的根本问题在于存在舞弊的空间，使权力寻租有了土壤，又由于招考涉及的当事人主体地位不平等，加上第三方监督体制薄弱，最终成全了权力贪欲，造成招考不公乱象。

2. 公考考生维权的困境

（1）公考中考生权利救济的缺失。①

公务员考试录用制度发展至今，仍然缺少对考生权利的救济制度，考生有维权的权利，但无法得到有效的救济。迄今为止，无论国家还是省市公务员招考政策中，都没有明确规定考生应该如何进行维权，对于考生维权的渠道、方法等，公考政策中模糊不清，大多数情况下只是简单地公布人力资源和社会保障部或纪检等部门的电话，并没有明确规定考生申请复核或申诉的程序。权力部门不设定公考考生权利救济制度，使考生无法依靠制度维权，给考生维权带来了极大的困难，考生的权益无法得到有效维护。许多考生在重重困难之下只得无奈地放弃自己的维权行动，而少数坚持到底的考生只得通过其他手段来维权，如求助于新闻媒体、网络等。随着考生维权意识的加强，公考考生维权事件增多，公考考生权利救济制度的缺失所暴露的弊病越来越严重。

（2）相关部门的责任问题。

公考考生维权时主要涉及的部门有组织部门、人事部门、招录部门、纪检监察部

---

① 江正平，杨振业．公考考生维权的困境与对策［J］．领导科学，2012（15）：12－14.

门、卫生部门等。在国家或省市公务员招考公告中，都没有明确规定各部门对考生维权应负怎样的责任，相关部门在如何对待考生维权的问题上存在着模糊认识。首先，相关部门责任不清、职责不明。许多考生在维权时的遭遇都大同小异，到相关部门申诉时，通常都会被告知无法处理或去找其他部门，部门之间互相“扯皮”。该案例中，《山西省行政机关2011年考试录用公务员公告》中没有明确说明考生在维权时应该找哪个部门，但可以肯定的是，李明所找的部门都有处理他所反映的问题的责任。其次，部分部门不负责任。有的部门在处理公考考生维权事件时，或者怕问题暴露会影响当地政府的声誉，或者出于其他考虑不积极解决问题，而是想方设法进行“盖”“捂”“拖”，使得考生的申诉得不到公正的处理。

（3）体检制度不完善。

要求公考考生进行体检的目的是看考生是否具备履行公职的基本身体条件。在维权考生中，有很大一部分考生对体检结果表示质疑。公考体检制度的不完善为考生维权带来许多障碍。一是有些体检标准过于严苛，如《公务员录用体检通用标准（试行)》第三条，“血液病，不合格。单纯性缺铁性贫血，血红蛋白男性高于90g/L、女性高于80g/L，合格”。二是有些体检项目检测规定不严格，体检医生依据《公务员录用体检通用标准(试行)》进行某些体检项目相关的检查，而有些检查介于可查可不查的范围，如果根据这些检查得出考生身体不合格的结论，势必引起争议。三是体检程序不规范，对考生信息的保密工作做得不好，导致通过体检“精确制导，定点清除”情况的发生。四是体检结果不透明，考生很难看到体检报告。案例中的李明为了看到体检结果，曾被要求“承诺不拿体检报告做文章”，正是因为他很难查看或获得自己的体检报告，体检表上的数据才会被人为篡改。不能获得自己的体检报告、化验单等第一手资料，质疑体检结果的考生就没有充分的证据进行维权。五是体检复查有漏洞，复检医院依旧是原体检医院，基本上还是由原来的体检医生负责，给人为操作体检结果留下空间。考生本来就欠缺医学知识，体检制度的不完善更加导致考生在维权中处于劣势。

（4）维权考生自身因素。

公考考生自身主观或客观上存在的一些问题也会导致维权陷入困境。一是缺乏维权意识。有的考生充分相信公务员招考的公平性，面对公考中遭遇不公平待遇，只是认为自己实力不够或运气不好，不去客观分析自己遭遇的不公平，缺乏维权意识。二是维权方法不妥当。许多维权考生不会充分利用法律手段维权。有的维权考生向有关部门提出申诉后，如果看不到解决的希望便就此罢休，从而助长犯罪行为；有的考生不注意收集维权所必需的证据，致使维权时困难重重；有极少数考生在维权时采取极端措施，伤害他人或自身，这是一种很不妥当的方法。三是维权代价高昂。维权考生所付出的代价较大，首先是维权费用，考生维权需要不少费用，如吃饭、住宿、交通、体检、通信、上网、打印资料等方面均需要开支，家境困难的考生难以负担；其次是隐性的机会成本，维权考生或许要放弃其他选择才能专门进行自己的维权行动，而放弃其他选择对考生而言也是一种代价。考生维权的代价不只如此，还要耗费大量的时间与精力，必须全力以赴地为维权做各种的准备，还要面对如亲人朋友的担惊受怕、耽误工作学习、巨大的心理压力及自身安全受到侵害等问题。

3. 推动公考考生有效维权的对策建议

（1）设立专门的考生申诉受理部门，将复杂维权事件的审核裁定权上移。

结合我国已有的制度设计，在保留上级机关或人事主管部门作为先行申诉机关以实现自我监督的基础上，设立专门的权威行政机关履行受理考生申诉控告的职责。[①] 在国家或省市公务员考试录用中，应该在人社部或国家公务员局、各省人社厅或省公务员局设立专门的考生申诉受理部门，以便维权考生进行申诉。省级及以上申诉受理部门级别较高，可以有效地处理维权考生的申诉，能在很大程度上避免考生在招录单位所在地维权时易出现的徇私枉法、敷衍了事、不认真处理的现象。考生维权受理部门级别越高，处理成效越好，因此，对于复杂的公考考生维权事件，最终审核裁定权应该上移，这样才能取得更好的处理效果。将复杂维权事件上移到省人社厅或省公务员局、人社部或国家公务员局，由这些部门负责处理，比地方部门处理更具权威性，也更公平有效。这样也使得考生维权多了选择的机会，有效避免考生通过司法途径维权时，公考相关部门成为被告这种尴尬情况的发生。

（2）厘清职能，明确责任，加大对违纪违规事件的查处力度。

公务员考试录用相关部门要在公务员招考过程中厘清各自职能，明确各自的责任，以便充分发挥各自的作用；同时方便考生维权，也便于发生违纪违规现象时追究责任。组织部门、人社部门、招录部门、纪检监察部门等要各司其职、各负其责，不因强势力量介入而徇私枉法、营私舞弊，不因弱势考生维权而敷衍了事。在处理过程中，发现有关部门或公职人员负有责任时，要进行严格的责任追究，进行严厉的处罚。要对违纪违规现象加大处罚力度，对公考中典型的违纪违规现象通报批评并加以宣传，起到应有的警示作用。只有对公考考生维权中发现的违纪违规行为坚决处理、严厉打击，才能净化公考环境，保障考生的合法权益，促进公考制度健康发展。

（3）考生要善于自我救济。

考生在公考中如果受到了不公平的待遇，要维护自己的合法权益。一是要有维权意识，在自己权益受到损害时能够及时发现，积极主动地维护自己的权益。二是要善于通过合法渠道收集有利于维权的证据，特别注意收集相关的文件单据、资料数据等。三是注意维权的方法，了解维权的途径，掌握维权必备的相关知识。四是通过各种途径获得他人的支持与帮助，如与家人、老师沟通，向专家学者请教，申请法律援助等。五是要注意信息的获取，多与维权相关部门联系，了解事情的进展状况，或者通过网

① 赵素艳．完善我国公务员权利救济制度的探讨［J］．行政论坛，2009（3）：32－35．

络、媒体等了解相关信息。

4. 问题解决对策及建议

我们看到，考生李明体检不合格被刷事件能够峰回路转，媒体的监督起到一定的作用，所以，要想避免此类悲剧再次发生，我们不仅要建立公务员监督机制，还要加强第三方监督，比较突出的就是媒体监督。这样，即使公力救济无效，受害人还可以依法寻求私力救济，利用其他救济方式来保护自身权利，遏制权力寻租。

（1）建立健全公务员监督机制，强化执行，杜绝官员腐败。

首先，公务员监督制度的建立，不仅应明确对国家公务员管理的规范，而且还应明确不执行或违反这些规定所应承担的法律责任，从而为条例的正确贯彻和实施提供有力的法律保障；其次，监督制度的建立，可以以法律的强制力保障国家行政机关及有关负责人对公务员依法管理，有效地防止有法不依、滥用权力，甚至对国家公务员实施打击报复的行为，确保国家公务员的合法权利不受侵犯。

（2）加强媒体监督，遏制权力贪欲。

加强媒体监督有利于公民知情权的实现，有利于促进社会公正，也有利于国家机关工作人员的廉洁自律。因此，媒体的监督权力被誉为除国家权力的“第四种权力”。加强媒体监督也是满足公民知情权的要求，媒体监督最大的特点就是参与者的广泛性。广大人民群众通过媒体对行政权力的监督，可约束行政权力的滥用。而政府在使用行政权力的同时，也必须充分考虑社会各界的反应，考虑舆论的声音，甚至主动借舆论促成具体行政行为的落实，以此验证公共决策的正确与否。广大人民群众也可通过新闻等媒介对国家事务的决策者和执行者进行监督，透明度高、公开性大、可视性好、参与感强，易于调动广大人民群众参政议政的积极性，有助于增强公众的政治认同感。

（3）建立独立的救济机关，完善救济机制。

没有权利的救济，就没有权利的维护。现有的救济机关都缺乏相应的独立性，而只有具有较强的独立性才能够保证救济机关公正处理公务员及考公者所请求的事务，不受有关行政机关及人员的干涉，维护当事人的权利。因为，“衡量一项为公民权益提供保护和救济的法律制度是否健全和成熟，一个重要的标准就是看其有无保证此项制度正常运作，相对独立和负责的工作机构。”在公务员的人事主管部门中设立一个相对独立而权威的机关来负责公务员及考公者的申诉事宜非常必要。这一机关的设立应当在相关的法律体系中具有明确的其独立地位，更重要的是在经费安排、组成人员的任免等方面保障其独立地位，并切实地赋予其维持或变更或撤销原处理决定的权力。同时，为了保证对公务员救济的客观公正性，应当在其组成人员中设置一定比例的公务员代表。所以，应设立相对独立的行政救济机关，使其能够履行司法性职能，以保证公务员及考公者权利得到有效保障。

教学案例3

我国公务员录用制度下的暗流涌动

——广东省中山书记受审案例

中国公务员录用制度是在吸收中国古代科举制度以及新中国干部录用经验的基础上，借鉴西方公务员考试录用制度建立起来的。自1993年正式建立至今，中国公务员录用制度已运行发展了27年。27年来，公务员录用制度与时俱进，不断发展，呈现出录用条件完善化、录用考试科学化、录用管理规范化等变革趋势，为我国公务员队伍吸纳了大量人才，极大地促进了国家治理能力现代化水平的提高。但是，我国现行公务员录用制度在实际运行实践中，或多或少地暴露出了一些问题，这一方面影响了公务员人才选拔的效能，另一方面也对我国法治社会建设产生了一定的消极影响。

一、案例回顾——审判

2012年9月，广东的秋天闷热中带着些许凉意。此时的广东省中山市第一人民法院，各大媒体的长枪短炮正在聚焦着备受社会舆论关注的“改分书记”案的开庭审理。中山市人力资源和社会保障局原纪委书记梁某此刻正站在被告席上，她低着头，面色平静，早已失去了担任原纪委书记时的霸气和凌厉。

“法官，被告人只是被母爱冲昏了头脑。”在法庭的辩论阶段，梁某的辩护律师这样辩解道，“被告人的儿子因只有大专文凭，毕业后工作不顺，在多家单位都只是做临时工，因为看到他人的儿子当上了公务员，产生了侥幸和攀比的心理，被告才使用这种愚蠢的办法来让儿子进入公务员队伍。可怜天下父母心，哪个父母不希望自己的孩子有一个好的前程呢?”

在案件审理的最后陈述阶段，梁某从口袋里掏出了整整三页的“悔过书”，几度想要当庭念出来，却最终还是选择直接将“悔过书”交给法官。此时的她无论怎么悔恨都为时已晚，几个月前那个“因母爱冲昏了头脑”的大错已经断送了她所有的仕途前程。

“改分书记”梁某是广东省中山市人力资源和社会保障局原纪委书记，分管人力资源考试院、纪检、计生、共青团、全市社区人力资源社会保障服务站的管理工作，并负责中山市的公务员招考等工作。其子林某是中山市职业技术学院的大专毕业生。在2012年的5月27日，广东省举行了2012年县级以上机关公务员考试，梁某的儿子林某报考了中山市农业局市场与经济信息科办事员的职位。

2011年12月，中山市农业局开会决定招录两名公务员，计划专业是财会和法律。梁某就此找到时任中山市农业局党委书记、局长陈某，问：“我儿子有兴趣报考你单位，是否给他个机会?”陈某让梁某准备一份她儿子的简历，也就此拉开了梁某替子改分的舞弊序幕。

其间，梁某委婉地向陈某表示自己的儿子正在准备公务员的考试，希望能够报考农业局的公务员职位，但因为她儿子是电子商务专业，和农业局的招录要求不符，询问陈某能否帮个忙，给儿子一个机会。

陈某和梁某平常的交情不错，寻思着卖个人情帮个忙，以后总归是有好处的，便一口答应下来。为了迎合其子林某的实际情况，以最大限度地排除竞争，两人协商着将招录计划中的法律专业改为电子商务专业，学历从本科降为大专，学位不限，不要求两年以上的工作经历，同时限制非广东省的户籍人员报考。这一切都是在为梁某的儿子林某量身定做。

2012 年 6 月 7 日晚，梁某在家里焦急地等待着，再过一会儿，广东省的人事考试局就会将 2012 年县级以上机关公务员考试笔试成绩下发到各地级市的考试院。

笔试结果出来了，时任中山市人力资源考试院考务股股长的李某在收到省人事考试局下发的成绩后，第一时间打电话将成绩告诉了梁某。梁某的儿子林某的笔试总成绩是 104. 1 分，在他报考的职位排名中名列第六，而只有笔试成绩前三名才能有资格参加面试。看着儿子失望的神情，此时梁某的内心五味杂陈，想到儿子为这次的考试一直非常用功，乖乖地听她的话认真准备，又想到其朋友在儿子考上了公务员后对她的各种炫耀和嘲讽，种种难过与不甘的情绪使得梁某最终做出了一个决定。

她要求李某调高林某的笔试成绩，使其能够入围第二轮的面试。最开始李某是迟疑的，他害怕万一出什么事自己也难辞其咎，但最终还是迫于梁某是市人社局分管人力资源考试院的领导，同意更改成绩，并建议将其成绩改为与排名第三的考生成绩一样，为 109. 7 分。梁某同意了这种操作方法。

最终，林某以第三名的身份入围面试。

在面试前的这段时间，梁某开始四处打点关系，向中山市农业局人事科原科长袁某提出在面试时多多关照林某，袁某也表示了同意。其他包括时任中山市农业局的局长、副局长和面试的轮候考官等 4 名官员都在她“打招呼”之列。

面试结束后，看到儿子高达 91. 74 分的面试成绩，梁某心中一块沉甸甸的石头终于落了地，她知道这个办事员的职位肯定非她儿子莫属了。为了避免高分会惹人怀疑，梁某和李某商议决定将面试成绩降低 10 分，最终出现在考生查询网站的林某面试成绩是 81. 74 分。尽管降低了 10 分，但笔试和面试的成绩相加，林某最终还是以综合成绩第一名“入围体检”，进入了录取公示。

二、事情败露

2013 年 7 月 31 日，一篇名为《我的公务员是妈妈改分数得来的》的帖子在天涯、猫扑等论坛热传。帖子称，中山市某局纪委书记利用职权，为参加公务员“省考”的儿子更改考试成绩，使其入围面试，并最终以总成绩第一名考取了公务员。

爆料人“可变的分数”说，中山市某局纪委书记梁某，在 2012 年广东省县级以上机关公务员考试中，更改其子林某的分数，使其入围中山市农业局市场与经济信息科办事员一职的角逐。

该帖引起网友上千条转发，成为舆论焦点。8 月 2 日，中山市人社局在网站发声明称，初步认定林某笔试成绩涉嫌更改。8 月 3 日下午，中山市纪委在新浪官方微博发消息称，对网友反映林某在报考中山公务员过程中涉嫌舞弊的情况，“目前，市纪委已对该问题介入调查，调查结果将适时向社会公布”。8 月 3 日晚 10 时许，中山市人社局再次发声明：经市纪委、监察局调查核实，林某参加全省 2012 年县级以上机关公务员考试成绩更改情况属实，我局决定取消其公务员录用资格。对于相关涉案人员，待纪检监察部门调查清楚后，依法依规严肃处理。

当得知网友举报帖疯传时，梁某心神不宁，整夜失眠。她知道事情发展到这一步，纸已经包不住火了。鉴于舆情的压力，她于 8 月 3 日主动到中山市纪律检查委员会投案自首。8 月 6 日梁某被中山市纪委、监察局开除党籍、开除公职，并移送司法机关处理。

2012 年 9 月 3 日，中山市“改分书记”梁某在广东省中山市第一人民法院受审，该案将择日宣判。

在庭审现场，对于公诉机关的招收公务员徇私舞弊罪指控，她一直低着头，表现平静。她的儿子林某没有出现在庭审现场。

“作为一个公民，我不接受。”她在法庭上说，“儿子很听话，准备公务员考试期间，一直非常用功。当获知儿子林某的笔试成绩排名不能入围面试时，我心里非常难过。为了让儿子获得面试机会，我决定篡改儿子林某的笔试成绩。”

而对于辩护律师关于“被母爱冲昏了头脑”的说辞，检方认为，“梁某身为国家机关工作人员，在明知其行为违反相关法律规定的情况下，仍然指使下属编造笔试和面试成绩，具有主观恶意；同时，梁某利用分管人力资源考试院的职务之便，在招收公务员过程中，徇私舞弊，严重影响了公务员的正常招收工作。”

针对辩护人提出被告人梁某尚未造成严重后果，请求从轻处罚的意见。法院认为，被告人梁某利用职务之便实施完毕的徇私舞弊犯罪行为，已实际妨害了国家对人才的选拔，危害了国家机关的正常管理活动，且在全国范围内产生重大影响，已经造成严重危害后果，辩护人就此所提意见无据，不予采纳。

9 月 6 日上午 9 时 30 分许，法官宣布开庭，被告人梁某身穿黄色囚衣，戴着手铐被两名法警带上法庭，其表情一如既往地淡定，仅在跨进被告席的瞬间朝旁听席张望了一下，神情显得有点羞愧。与该案 9 月 3 日开庭时不同的是，这次梁某的家属、辩护律师等都没有到场，整个宣判过程不到 5 分钟就结束了。

在宣判过程中，梁某没有做任何辩解。当法官要求“全体起立”宣读判决结果时，梁某立即站了起来，显得很紧张，双手握紧又松开。宣判后，梁某没有当庭表示上诉，而是说：“要跟律师商量后决定是否上诉。”

在新闻发布会上，相关人士称，这是一起量身打造的“萝卜招聘”，梁某与市农业局局长王某、该局分管人事的副局长、市委农办副主任袁某、市农业局人事科副科长5人涉嫌暗箱操作。从量身定做岗位到篡改成绩再到招呼面试官，改分书记最终栽倒在自己设计的“萝卜招聘”坑中。

梁某被中山市纪委、监察局开除党籍、开除公职，并被移送司法机关处理。同时，其中涉案的中山市农业局局长王某、副局长，面试轮候考官和市人力资源考试院考务股股长李某等5名违纪违规人员分别给予了相应的党纪政纪处分。其中，录取林某的中山市农业局局长王某被处以党内严重警告处分，并免去其局长职务。同时，中山市有关部门也取消了林某的公务员录用资格。

结语

这是一起公权私用，利用职权之便徇私舞弊的官员落马事件。在当地招考公务员环节中，梁某可谓身居要职，肩负为国选拔优秀人才的重要责任。但与国家和群众所期望的相反，梁某在招考中利用职务之便，设置“萝卜招聘”，这种擅用职权以满足个人需求的行为不仅践踏了国家法律，侵害了他人的正当权益，也触及了公众的心理底线。官员应明白公私分明，不滥用职权的道理。

为了捍卫公考制度的正义底线，《中华人民共和国刑法》规定，国家机关工作人员在招收公务员、学生工作中徇私舞弊，情节严重的，处3年以下有期徒刑或者拘役。然而如此多的舞弊案，涉案者最终在这条法律之下沦为阶下囚的情况并不多见，大多数都以党纪行政处分了事，有的涉案人员最终被追究刑事责任，也多是因为牵扯贪污受贿等其他问题。基于这种背景，“改分书记”获刑案件才受到如此广泛的舆论关注。且与山西长治舞弊案相比，本案虽因自首情节量刑不重，但从案发到审判如此快速地依律施罚，堪称依法从严治官的范例。

依法治国先要依法治官，而治官务必从严。“罚酒三杯”式的党纪政纪处分，对违法官员有多少威慑力不得而知，但在立法明确设定刑事责任的前提下，有罪不判、有法不依会给以权谋私者带来极大的侥幸，这也是历史上治吏失败的教训之一。因此，除了立法上须防止出现官民不平等之外，执法和司法实践中更应杜绝出现官员大开“方便之门”的事件发生。因为，类似以党纪政纪处分代替刑罚的现象，恰是怂恿一些公职人员以权谋私的祸根。

革命先辈陈毅先生的一句名言，对当下的公器私用、贪腐现象或许是最好的训诫：莫伸手，伸手必被捉。对待腐败决不能姑息，像梁某这类不能洁身自好的官员是作茧自缚，其结果一定是受到法律的制裁、道德的审判和民众的唾弃。

自公务员法颁布以来，公务员录用制度已经具有很强的规范性，凡进必考的政策对于整个社会公共部门运行具有良好的正面影响并且起到了表率作用。但在公务员招考过程中，依然存在许多问题值得商榷，引人深思，如报考条件是否有必要改变，考试环节是否科学、合理等。

梁某的所作所为让人们看到了公务员考录过程中存在的问题，身为国家机关工作人员的她知法犯法，向用人单位打招呼，随意篡改笔试成绩，要求关照面试者的面试环节。在对各个环节都做了相关规定和措施的时候，“走后门”的情况还是发生了，就相当于体制森严坚硬的外墙被捅出一个窟窿，这个窟窿暴露出太多严峻的问题。公务员考试极其严肃，国家制定的制度不可谓不详尽，但在强权面前顿时土崩瓦解，权力如入无人之境，着实可怕。公务员考试是为国家选才，这些年轻的公务员，将来是要接任管理社会的重责的，若是走后门、托关系之风盛行，那将来的社会将是怎样的一片疮痍？又该拿什么来为公务员考试保驾护航？公务员录用制度的改革将如何进行？

研究表明，我国的公务员录用制度和改革方向可以分为两个方面：一是与录用制度相关的录用程序和方式的改革，二是公务员编制制度相关的改革。从这两方面入手，以选对人为基础，塑造人为根本，从制度上打破公务员的“铁饭碗”，促进各级机关单位公务员同其他行业系统的有序竞争，促进人才合理流动，健康发展。

【问题】

1. 结合案例，请说说我国公务员录用笔试和面试中分别存在哪些问题？

2. 通过这个案例，你认为可以采取什么有效措施来处理公务员招录过程中的“因人设岗”问题？

3. 通过这个案例，谈谈你对从严治党与公务员招录制度的认识。

【分析】

1. 我国公务员录用笔试和面试过程中存在的问题

（1）面试部分的透明性亟待提高。

首先，近几年公务员的面试考试不够客观，因为面试权完全由招录机关自己掌握，所以就给很多“关系户”打开了“方便之门”。面试过程中，贿赂面试考官、“走关系”“打招呼”已成为公开的秘密，使得部分笔试成绩排前者落选，甚至部分招录单位对某些“有关系”考生有所承诺：能通过笔试，则保证能被录取，这严重影响了公务员择优录取的公信力。其次，面试题目科学化、专业化水平不高，程式过于单调，少数人不是努力提高自身的能力素质，而是致力于提高应试技巧。最后，考官的水平也是良莠不齐，甚至有的职位还会出现外行考内行的现象，严重降低了人才选拔的质量。

（2）考试方法方面存在的问题。

我国公务员考试方法的科学性不足。首先，考试主要采用的手段是笔试和面试，笔试和面试能够考察的方面有限，只能在一定程度上反映考生的综合素质，也不能很好地考察其思想品德，而思想品德对于成为一名优秀的公务员来说是必不可少的。其次，考试的内容过于庞杂且不是很合理。公务员考试中，经常出现偏题、怪题，而且重记忆，轻理解，轻应用，这就导致考试对考生的分辨力不高，无法真正选拔出优秀人才，选拔出的有很大一部分是擅长考试、死记硬背的书呆子。

西方国家的公务员考试普遍采用分级考试的方法，而且考察手段多样，除笔试、面试以外，还采用情景模拟、心理测验、笔迹辨析等辅助方法，这些方法值得借鉴。

(3) 监督体系不完善，录取缺乏公正性。

在我国的公务员考试录用管理中监督环节相当薄弱，主要存在以下两方面的问题：第一，立法方面的工作滞后。至今还没有一部真正意义上的法律来专门对我国公务员考试监督工作进行科学的规范。已经有的也是行政法规，法律地位相对较低，不具有应有的权威性。第二，监督管理机构尚未独立。公务员法第十二条规定：中央公务员主管部门负责全国公务员的综合管理工作。县级以上地方各级公务员主管部门负责本辖区内公务员的综合管理工作。上级公务员主管部门指导下级公务员主管部门的公务员管理工作。各级公务员主管部门指导同级各机关的公务员管理工作。第二十四条规定：中央机关及其直属机构公务员的录用，由中央公务员主管部门负责组织。地方各级机关公务员的录用，由省级公务员主管部门负责组织，必要时省级公务员主管部门可以授权设区的市级公务员主管部门组织。国家公务员的考试录用与监督管理是同一个部门，监督也就往往流于形式。

(4) 立法层面上存在的问题。

首先，我国公务员法规目前还不完善，对公务员录用的程序、方法等的规定都比较宽泛，在现实操作中经常根据实际调整，再加上中国法治观念还没有真正形成，传统的人情观念根深蒂固，地方政府对公务员法规的遵守和执行情况时有走样。

2. 公务员招录过程中“因人设岗”问题的对策

(1) 加强思想政治教育，与时俱进。

我国的古代文化历史悠久，传统儒家文化也被人们传诵已久。“官本位”思想至今仍对广大人民群众产生着深远的影响。所谓的“官本位”思想是指人生的最高追求是当官，所做的一切都是为当官做准备，当官就拥有一切，其核心是人生价值的唯一实现方式是做官。该思想对公务员的招录产生了消极影响，必须纠正这种思想。为此可以做到以下几点：①坚持“德才兼备”的选拔录用原则。选拔人才必须把“德”放在首位，筛选出能为人民谋福利，全心全意为人民做贡献的“人民公仆”，对“有才无德”的人不予录用。②加强思想政治教育。破除传统封建思想对人民的束缚，转变对公务员的错误观念，有计划地宣传选拔公务员的目的、意义，使公民端正报考公务员的动机。③加强对公务员的价值观、人生观的教育，树立正确看待问题的观念，全心全意为人民谋取福利。

(2) 完善公务员考试录用的法规建设。

西方国家向来都比较重视用立法的形式来规范公民的行为、确保制度的顺利实施。中国要完善公务员的考试录用制度，首先要做的就是完善相关的法律法规，建立一套完整的法律体系，把考试的程序、内容等用法律的形式固定下来并公之于众，加强公务员制度的公开公正性，加强人民群众和媒体的监督，确保制度的健康运行。

应加快地方公务员考试录用法规的建设。因为我国地域广阔，各地区经济发展水平不同，对人才的需求程度也有所不同。

（3）修改完善不合理的报考条件。

公务员的录用要面向社会，公开进行，但并不意味着所有的人都能够做公务员，特别是现代社会发展对政府工作人员的素质要求越来越高，对执行国家公务的人员录用有一定条件要求。规定报考资格条件，通过对基本资格条件的审查，把不具备担任公务员基本条件的人员排除。这样，可以保证报考者的基本素质，同时还可以减少录用考试的工作量，节省国家行政开支。对考生学历、工作经历和专业设限，一定要坚持实事求是的原则，并从岗位工作需要出发，科学设置考录的资格条件，这样才能充分保证考录过程中的机会均等。

（4）加大考录过程的透明公开力度。

公平、公正、公开是我国公务员考试录用制度的一项重要原则，在公务员招考中，每个人都能机会均等地获取招考信息，实现考试全过程的公开透明，这是开展公平竞争的前提，也是国家机关能否引进优秀人才的重要保证。考录信息的公开度在一定程度上反映考录工作的公正度。只有在源头就把握好公务员录用的关口，才能做到真正意义上的公平、公正。我国也应逐步做到将公务员考录工作的每个环节都实行公示制，将笔试成绩、参加面试考生人员名单、总成绩、参加体检人员名单、体检合格人员名单和经考核后被录用人数等均在该地区相关网站公布，如有不公平现象发生，考生可直接举报，真正做到让考生可以全方位监督考试流程，并且通过社会各界或媒体对整个考录过程的监督，使监督工作更加严密、有效，使人们对考录工作的全部信息真正拥有知情权，从而有机会让更多的人积极有效地参与过程监督，使得“变通”的环节越来越少，以增加竞争的透明度和公正度。

（5）增强公务员考试录用的科学性和公平性。

笔试是公务员考试的第一关，应该给予高度重视。笔试的命题内容也应该与时代同步，能真正检验出应试者的基础素质水平。首先考试的科目需要综合多方面的因素加以考虑，如不同的职位要求不同的技能水平，不同等级的公务员也有不同的要求。其次是笔试命题的内容、形式的改变。命题范围既要涉及政治、经济等社会科学方面，还要涉及相关自然科学的知识。考试内容应同时具备宏观性和具体性，考试的形式也需要结合开放性与现实性。最后，提高公务员相关的教材编写质量。

（6）提高面试效率，加强面试官的专业素质。

首先，面试命题应做到多样化、科学化。这就要求将答辩、现实情况模拟、无领导小组讨论与心理测验、智力测验等相结合，测试应试者的智力和心理承受能力。结合具体情况，选择合适的方法。而且，应该将面试内容与笔试相结合，争取从整体方面来考察应试者的素质。

其次，要培训面试官的专业素质。面试中，面试官的专业素质至关重要，面试官是否公道正派、经验丰富、业务精通对面试起着关键性的作用。面试需要建立一个考官体系，通过组建面试部门、培训持证上岗等方式，使面试官掌握观察、提问、分析、倾听、综合评定考核成绩等能力，大幅提高面试效率，确保面试的质量。

最后，组建培训面试巡视员。由于面试不仅具有专业性的特点，还具有主观性强、不易控制的特点，因此为确保面试能顺利、有序进行，应组织面试巡视、派监督机构协助负责考场秩序。省市的主管部门也应积极配合，做好甄选和培训巡视员的准备工作，各个部门也应密切配合，从而确保面试的有效进行。

(7) 加大监督力度，形成有效的监督机制。

加强现场考试情况的监督；采取多样化的监督形式，如党组织监督、行政监督、群众监督、舆论监督；完善相关的录用法律保障制度，通过颁布法律来尽量减少徇私舞弊、弄虚作假等现象的发生。

3. 对从严治党与公务员招录制度的认识

习近平总书记提出的全面建成小康社会、全面深化改革、全面依法治国、全面从严治党的“四个全面”战略布局，立足于坚持和发展中国特色社会主义，立足于实现“两个百年”奋斗目标和中华民族伟大复兴的中国梦，集中体现了以习近平同志为总书记的党中央治国理政的总体战略构想。毛泽东同志指出：“政治路线确定之后，干部就是决定的因素。”协调推进“四个全面”战略布局，关键在党、关键在人，关键在于建设一支宏大的高素质干部队伍。加强党内监督是全面从严治党的题中应有之义。公务员是治国理政的主体，是保证党和国家各项事业顺利推进的中坚力量，在实现全面建成小康社会的历史进程中肩负着重大使命。全面深化改革、全面依法治国要依靠这支队伍来组织、推动和实施，推进国家治理体系和治理能力现代化，同样也要有一支忠诚、干净、有担当的高素质公务员队伍做支撑、做保证。我们必须站在全局和战略的高度，充分认识加强公务员队伍建设的重要性、紧迫性，努力建设一支信念坚定、为民服务、勤政务实、敢于担当、清正廉洁的公务员队伍，为完成党和国家各项中心工作任务提供有力的组织保证和人才支撑。

从严管理公务员，首先要把好入口关。考录制度是公务员队伍建设中起基础性作用的一项制度，是保证公务员队伍高素质的起点，也是彰显社会公平正义的一项制度。这项制度从20世纪90年代初开始试点，到后来全面实行凡进必考，已经成为推行公务员制度的一面旗帜，被广泛认可。但在新情况下考录办法如何更好地体现公平性和科学性问题，也需要继续探索和改进。首先，要毫不动摇地坚持公平性原则。公开、公平、公正是考录制度的生命线，要把保证公平性贯穿于完善考录制度的各个方面。一方面，要坚持基本制度和要求的统一性、完整性，切实做到公开、平等、竞争、择优，严把公务员入口关。另一方面，要保持制度的灵活性，兼顾地域差异和发展不平衡的问题，特别是要按照党的十八届三中全会的要求，完善基层公务员录用制度，在艰苦边远地区适当降低进入门槛，落实好《关于做好艰苦边远地区基层公务员考试录用工作的意见》。其次，要不断提高考录工作的科学化水平。增强科学性是考录制度永续发展的内在要求。要进一步加强考录基础科研工作，努力建设一支高水平的科研、命题、面试考官和阅卷专家队伍，保证考录工作持续健康发展。要继续探索实行分级分类考试，提高测评的针对性和有效性，满足不同层级、行业和部门的用人需求。还要进一步提高考录工作的信息化水平，加强基础数据统计和分析，为完善考录政策提供可靠依据。最后，要努力维护公务员考录工作公信力。公信力关系着公务员考试录用的成败，也关系着党和政府的形象。从近几年实际情况看，对考录工作公信力伤害最大的，就是考试和体检作弊。针对这方面的问题，要严格管理好考录工作队伍，重点是接触试题的人员和参与体检的医务人员，除认真进行警示教育外，还要完善规章制度，从各个工作环节严加防范和监督，一旦出了问题要严厉查处，以儆效尤。同时，要联合有关部门进一步加大力度打击考场作弊等违法违纪行为，保持高压态势，净化考录环境，确保考录的公平和安全。

本章参考文献

［1］信丽莉．公务员面试考官管理研究——以张家港市为例［D］．咸阳：西北农林科技大学，2017.

［2］江卫华．我国公务员考试录用法律制度研究［D］．乌鲁木齐：新疆大学，2015.

［3］相子栋．中美公务员录用制度比较研究［D］．长春：东北师范大学，2015.

［4］曹东卿．我国公务员考录资格审查研究［D］．济南：山东大学，2014.

［5］张柏林．中华人民共和国公务员法教程［M］．北京：中国人事出版社，2005.

［6］李春燕．中华人民共和国公务员法教程［M］．北京：中国法制出版社，2005.

［7］李如海．公务员制度［M］．北京：高等教育出版社，2007.

［8］周敏凯．比较公务员制度［M］．上海：复旦大学出版社，2006.

［9］吴春华，温志强．中国公务员制度［M］．天津：南开大学出版社，2008.

［10］李和中．21 世纪国家公务员制度［M］．武汉：武汉大学出版社，2006.

第五章　公务员的职务任免制度和相应的教学案例

【学习目标】

本章简要叙述公务员职务任免的含义与意义，介绍公务员任职的原则与方式、免职的情形与程序。理解掌握选任制、委任制、聘任制与考任制四种公务员任职方式。

第一节　公务员的职务任免制度

一、公务员职务任免的含义和意义

职务任免是任职与免职的统称，是指具有一定任免权限的机关，依照国家有关法律法规，在其任免范围内，通过法定程序，任命或免去公务员担任的某一职务的人事行政行为。

公务员任职是指有任免权的机关依照有关法律规定和任职条件，通过法定程序和手续，任用公务员担任某一职务的管理活动。公务员免职是指有任免权的机关依照有关法律规定和免职条件，通过法定程序和手续，免除公务员所担任的职务的管理活动。

公务员职务任免在公务员管理中具有重要的作用和意义：(1) 对于国家机关，职务任免是合理选拔及任用公务员的重要制度保障，是加强国家政权建设的重要保障，可改善我国的政治环境，推动民主政治及政治现代化的发展。(2) 对于公务员，职务任免是提高公务员素质的必要手段，能够提高公务质量和民众的满意度，它有利于明确公务员的岗位职责，使公务员更好地履行公共职能。(3) 公务员职务任免是管理公务员队伍的有效手段，是公务员接受监督的重要凭证，是实现公务员职务管理制度化的重要措施。

二、公务员任职的原则

在公务员任职中，必须坚持德才兼备、任人唯贤原则，党管干部原则，一人一职原则及少数服从多数原则。德才兼备就是要求被任用的公务员既有德又有才，二者同时具备，不可偏废。在选拔和任用公务员时，以德才为标准，不以个人的好恶亲疏为标准。要坚持任人唯贤原则，反对任人唯亲，从而实现公务员队伍的革命化、年轻化、知识化、专业化。党管干部原则是党和国家管理干部的一项基本原则，推行公务员制度后在公务员任职中也应贯彻这一原则。公务员任用时，原则上是一人一职，如确因工作需要，本人又能胜任，经任免机关批准，可以在国家行政机关内兼任一个实职。选任制、委任制与聘任制公务员的选拔，在讨论决定是否任用的表决时，皆须坚持少数服从多数的原则。

三、公务员任职的方式

我国公务员法第四十条规定公务员领导职务实行选任制、委任制和聘任制。公务员职级实行委任制和聘任制。第一百条规定机关根据工作需要，经省级以上公务员主管部门批准，可以对专业性较强的职位和辅助性职位实行聘任制。前款所列职位涉及国家秘密的，不实行聘任制。第二十三条规定录用担任一级主任科员以下及其他相当职级层次的公务员，采取公开考试、严格考察、平等竞争、择优录取的办法。由此可见，我国公务员的任职方式有选任制、委任制、聘任制与考任制四种。不同的任用方式针对不同的公务员群体。

选任制公务员，是指按照法律和有关章程规定选举担任公务员职务的公务员。选任制比较适合体现民意的国家工作人员的任用。我国公务员的各级政府组成人员，均实行选任制，即由各级人民代表大会及其常委会选举产生或决定任免。选任制的方式有利于公务员队伍更加接近民众，便于人民群众对官员的监督，提高国家的民主化程度。但是选任制并不是万能的，极端的选任制是一种民粹主义的表现，选任制容易使得群众基础好而治国理政能力弱的人进入公务员队伍，其对于国家政权稳定的破坏性是极大的。

委任制，是指在任免权限范围下，由公务员任免机关依法直接委派工作人员担任一定职务的公务员任用方式。委任制具有任用权力高度集中的特点，有利于在行政机关中贯彻行政首长负责制，体现高效性和责任性；在委任制条件下，公务员非因法定事由不得被免职和辞退，这对于保障公务员队伍的稳定性有一定的积极作用，但是委任制公务员往往由主管领导提出人选，这就可能由于相关主要领导的主观随意性而造成任人唯亲而非唯贤，委任制的过程可能会降低民主性和透明度，影响人民群众监督权。

聘任制是指由用人单位通过合同形式任用工作人员的任用方式。聘任制与选任制、委任制一样，也是公务员的一种任职方式。聘任制又有自己的显著特点：一是合同管理；二是平等协商；三是任期明确。聘任制的方式有利于任用方式的多元化，破除论资排辈的观念，打破“铁饭碗”，增强竞争意识，但是聘任制方式会降低公务员队伍的安全感，降低其归属感，不利于其安心稳定地工作。

考任制是指通过考试选拔任用对象的方式。考任制的最大意义是反对特权，实现公民在公职中的平等竞争，广开“才路”，吸纳优秀的公共管理人才。

以上四种任用方式各有利弊，没有优劣之分，应根据国情、经济发展条件、政治特点、文化背景等因素合理选择，多元结合，大胆创新。

四、公务员免职的情形

选任制公务员的免职与任职相对应，公务员职务的免除权限和免除程序，是与公务员职务的赋予权限和赋予程序紧密联系的。任期届满不再连任，所任职务自然终止。这种情况下的免职，不会以公告、公报等具体表现形式出现，而是暗含在这种行为之中。任期内辞职、被罢免、被撤职的，所任职务免除。出现这三种情况的原因各有不同：辞职的是因为达到退休年龄、健康因素、职务调整或者不能正确履行职责、不适宜继续担任该职务等；被罢免的是因为犯有错误或被认为不称职；被撤职的是因为犯有严重错误、构成违纪违法。

委任制公务员免职情形可以归纳为两种类型：第一，公务员职位发生变化，承担了新的职责，应当免去其原任职务，如转任、晋升或降低职务等；第二，因各种原因导致公务员不能履行职责的，应该免去其所任职务，如退休、离职学习连续一年以上等。其中离职学习连续一年以上的情形，不包括组织选派参加学习。

五、公务员免职的程序

免去公务员所任职务，应按照下列程序进行：提出拟免职的建议，公务员所在单位或上级根据实际情况提出拟免职人员的建议。由公务员任免机关人事部门负责对免职事由进行认真审核。如属实，可交由任免机关领导讨论。做出免职决定，按照惯例权限，由任免机关领导集体讨论决定是否免职。发布免职通知，一旦领导做出免职决定，就要发布免职通知，并通知公务员本人。另外，需要指出的是，以上是公务员免职的一般程序。如果职务任免和职务升降、调任、转任、退休等同时办理，还要遵循职务升降、调任、转任等所规定的程序。

六、公务员职务自行免除的规定

我国公务员制度对公务员职务自行免除的情形做了明确规定，主要原因包括：受到刑事处罚或劳动教养的、受到行政撤职或开除处分的、被辞退的、因机构变动失去职位的、死亡的。当公务员出现上述情形之一的，其职务即自行免除，不再办理免职手续，其所在单位应按照公务员管理权限及时报任免机关备案。

第二节　公务员的职务任免制度的教学案例

教学案例 1

市长的“免—任—免”

——一场惊心动魄的肥皂剧

2010 年 10 月，国土资源部通报了五起国土资源违法案件的查处结果，其中包括四川省简阳市政府违法批地案。然而，有人发现，此起案件涉及的核心人物——简阳市市长段某早在 8 月份就已经被调离市长岗位，并且在免去市长职位后的一周“华丽转身”，成了资阳市财政局局长。此消息一出，引起舆论的广泛关注，部分民众产生质疑。可就在大家都还没有缓过劲来时，资阳市委宣传部发出通报称，已提名免去段某资阳市财政局局长职务。免职—复出—再免职，此案引起了社会上的广泛关注。

一、相关背景

简阳市是四川省成都市代管的县级市。位于四川盆地西部、龙泉山东麓、沱江中游，北倚成都市龙泉驿区、金堂县，西连天府新区成都直管区。简阳市资源丰富，地理位置优越，一直是四川省天府新区规划中的重点关注对象。而更要重点指出的就是简阳市的三岔湖，也就是本案中涉及的被违法操作的土地。

段某，1965 年 11 月生，四川武胜人，研究生学历，毕业于四川内江师范学院，1988 年 7 月参加工作。从任职内江二中团委书记开始，他历任内江市委宣传部副主任干事，内江市委办公室秘书科副科长，内江市委办公室秘书处处长、政工处处长，内江市委机要局局长等职。

此后，他被调往资阳市任政协秘书长、办公室副主任，后升至资阳市雁江区委副书记兼政法委书记。不惑之年后，于 2006 年 11 月 30 日，在简阳市十五届人大一次会议中当选简阳市人民政府市长。他在任职讲话中说道：“未来五年是推动简阳发展迈上新台阶的重要时期，新一届简阳市人大及其常委会和全体代表要始终坚持党的领导，正确行使宪法和法律赋予的权力，大力加强和改进监督工作，切实加强同人民群众的密切联系，不断加强自身建设。要坚持科学发展观，紧紧围绕‘三先’发展主题，把工作做得更实，把群众的事情办得更好，为把简阳建设成为成都经济区经济强市做出贡献。新一届简阳市政府班子，将紧握手中的‘接力棒’，坚定‘三先’目标，加快‘三先’步伐，在继承中创新，在创新中开拓。要把人民的信任化作进取的动力，把百姓的重托当作追求的目标，与全市人民一道共建美好家园，共创美好明天，不辜负重托和期望。”

上任后的段某一心想拉动简阳市经济的发展，一旦经济得到发展，不但人民受益，自己的履历上也会被添上浓墨重彩的一笔。而三岔湖这块风水宝地自然地成了他和他一众手下的目标。三岔湖开发作为包括龙泉湖和龙泉山在内的“两湖一山”的一部分，一直是简阳市和邻市成都市的重点发展项目。“十一五”期间，“两湖一山”更是被四川省列为全省新五大精品旅游区之一。而在“两湖一山”之中，三岔湖又是被开发的核心区域，这片绝大部分位于简阳市境内的水域用于区域合作的面积多达 90 平方千米。按照段某的规划，到 2020 年，要将三岔湖建成一个 30 平方千米，能容纳 30 万人的现代化城镇。

但在进行三岔湖的开发时，诸多问题逐渐显现。首先就是用地指标限制：简阳市虽然享受相应的较宽松的用地政策，但简阳市每年新增的用地面积仍不过 700 亩，这与三岔湖开发的海量土地需求存在巨大差距。那应该如何解决该问题呢？这一问题一直萦绕在段某心头。

段某先后召开了四次政府常务会议，会议讨论通过了关于简阳市批地给开发商开发建设的决议。决定将三岔湖周边共 6204. 47 亩（1 亩 = 666. 667 平方米）土地出让用于旅游、商住开发，其中集体土地 4659. 91 亩（含耕地 1498. 62 亩）。然而，就是这违法批复的 6000 多亩土地，成为段某戏剧性任免剧目中的导火索。

土地一事基本有了着落，接下来，便是土地的挂牌拍卖了。经过几天的角逐，包括一家名为成都天骋置业咨询有限公司在内的 20 家公司拍得了上述土地。但这些土地其实全部流向了一家名为香港汇日集团的外资企业。除此以外，为了开发三岔湖，2009 年 1 月，四川三岔湖建设开发有限公司成立，由成都文旅集团、新加坡万邦集团、资阳工投公司及简阳两湖一山公司共同出资组建。随着三岔湖不断向外招商引资，以及三岔湖自身的优势，越来越多外资和国资企业瞄准了三岔湖强大的旅游产业生的产力，三岔湖已经成为一片投资热土。

二、“免职”把戏

2010 年 6 月 29 日，段某会见了在简阳市考察的中国海外实业有限公司（简称中海实业）董事长靳某，诚邀中海实业关注简阳市、投资简阳市。在暴风雨来临前，一切建设都在有条不紊地进行着。

由于段某批地未向省里汇报，后被国家土地督察成都局发现。此时的段某才稍感事情紧迫，但他并没有觉得自己做错了什么。为了地方经济的发展，暂时突破红线进行土地违规操作，这顶多只是程序上的“瑕疵”，并非真正触及底线的违法、违规。挂掉电话的段某虽内心认可自己的做法，但这块地在程序上的确是违法的，当下决定找各位领导商讨对策。

2010 年 8 月 18 日，简阳市政府召开领导干部见面会，宣布免去段某中共简阳市委副书记、常委、委员职务。就这样，三岔湖违法批地一事有了了结。

没过几天，简阳市这边前脚刚给出违法批地的罚单，后脚就替段某找好了退路——资阳市财政局局长。

2010 年 8 月 24 日，仅从简阳市市长岗位调离一周的段某，在资阳市第二届人大常委会第二十五次会议中，接受了资阳市财政局局长的任命。对外的通报中说："由于正值市政府机构改革期间，当时我市财政局、人事局职务空缺，在广泛听取意见基础上，当地市常委会研究决定段某同志平职交流任市财政局党组书记，提名市财政局局长人选。"段某迅速转换角色，成为地级市要害部门一把手，其仕途并未受到违法批地事件的影响。而这一切看似是合理的，即使有些许疑问，也并未引起任何波澜。段某在新的岗位上也适应得极快，迅速与一众手下建立了良好的合作关系，与此同时，三岔湖的建设开发也在紧锣密鼓地进行。

当大家都在为此庆祝的时候，没有人意识到舆论即将掀起一场轩然大波。

三、引发舆论，再遭免职

2010 年 10 月 13 日，国土资源部通报了五起国土资源违法案件的查处结果，其中包括四川省简阳市政府违法批地案。通报指出，2008—2009 年，简阳市政府先后四次以政府常务会议形式，决定将三岔湖周边共 6204. 47 亩土地让用于旅游、商住开发，其中集体土地 4659. 91 亩（含耕地 1498. 62 亩）。为此，简阳市所属的地级市资阳市也给出了一份颇为严厉的罚单：简阳市委副书记、市长段某党内警告处分，调离市长岗位；此外，包括一名副市长和国土资源局局长在内的多名官员被给予纪律处分。

然而就在这份罚单公布之际，有心人却发现，早在 2010 年 8 月，段某便调离简阳市市长岗位，且在一周之后异地任职，成为资阳市财政局局长。此消息一出，顿时引起轩然大波：为什么段某在免职一周后就能官至资阳市财政局局长？为什么他遭到党内警告，却能在如此快的时间内复出？三岔湖违法批地一事免职就能以示惩处了吗？众多问题摆在大众的面前，媒体纷纷前去调查真相，各方报道层出不穷。

除了百姓的关注和媒体的报道，一些专业人士也对此事件加以评述。中国行政体制改革研究会秘书长、国家行政学院教授汪玉凯表示："对于受处分或者被问责干部在什么情况下可以重新使用、什么时间可以复出、相关程序应该如何履行等问题，都缺乏相关规定。"北京大学宪法学与行政法学博士伏创宇撰文指出："群众的知情权、表达权、参与权、监督权在官员复出过程中的缺失，使得复出过程蒙上了神秘的色彩，也给干部选拔任用工作留下了一块群众监督的真空地带。"

而身处此次旋涡中心的段某一直不曾表态。当地官员表示，不想再多解释此事，只希望该事能随着时间的流逝而逐渐平息。一位不愿透露姓名的资阳市官员抱怨道："现在土地问题哪没有？为什么我们一切按照程序处理问责还要挨批？"

自从段某"免职一周"事件发生后，公众的围观和愤怒可以说已成燎原之势，这股舆论的讨伐影响了行政部门的决策，以至于行政部门不得不使出"杀鸡儆猴"的招数。还有一个"有趣"的现象，当初，在段某被免去简阳市市长职位不久，作为更高一级管理机构的资阳市人大常委会就通过了段某资阳市财政局局长的任命。而按照中央关于领导干部问责的相关规定，受到调离岗位处理的领导干部，一年内不得提拔。既然资阳市可以为段某“破格”，可见其应为“有功之人”，否则，何来如此“梦幻的转身”？但身处舆论旋涡，不使出点雷霆手段，又实在不好向公众交代。于是，为了展现当地政府绝不姑息的决心，为了赢得伸张正义的口碑，为了突出对于问题干部的问责成就，资阳市只好将段某再次罢免，以此平息民众的怒火。

自2010年10月13日国家土地督察成都局正式通报简阳市存在违法审批土地等问题后，资阳市委立即责成市纪委进行立案调查。相关情况查实后，资阳市委对负有重要领导责任的段某问责，给予党内警告处分，提名免去其资阳市财政局局长职务。10月30日，资阳市委宣传部发布通报称：段某已再次被免职。

相关官员说道：“我们认为对此事的问责符合相关规定，处理程序清晰，到此算是画上了一个句号。”

从被免职，不出一周便异地上任，屁股还没有坐热，又掉进冰窟里。这样一波三折、起伏不定、像雾像雨又像风的任免，已然化为一部“肥皂剧”。单就这部“肥皂剧”的剧情看，黑色幽默、后现代色彩、无厘头不一而足；但就表演的功夫看，恐怕段某本人对自己的角色也会有些不适应。在这场“罢任免”的权力游戏中，段某经历了来也匆匆去也匆匆，任命朝令夕改，异地复出“譬如朝露”，令他如坠云雾。

在这部一波三折的“肥皂剧”中，段某似乎更像一个道具，或者说是一个“杯具”。然而这部“肥皂剧”的上演显然有其缺乏逻辑之处，且有视规则如无物之嫌，起承转合毫无章法。这样的问责态度，与其说是恳请社会各界监督，不如说是对唾沫横飞局面的和稀泥。

【问题】

1. 根据案例分析，段某的“免—任—免”过程体现了我国公务员任免制度存在的哪些问题？

2. 段某“免—任—免”背后的深层次根源是什么？

3. 阐述段某事件给我们的启示。

【分析】

1. 目前我国公务员的任免制度中存在的问题

(1) 公务员的任免、监督、考察、审核等方面还存在缺陷。

首先看该事件起因，2010年10月13日，国土资源部通报了五起国土资源违法案件的查处结果，其中包括四川省简阳市政府违法批地案，这批土地被国家土地督察成都局认为批地程序违法。而出现了这种错误后，作为简阳市市长的段某违法批地，触及国土政策的“红线”且被国土资源部作为典型案例进行了全国通报。分析其原因，违法批地责任重大，一旦坐实会给自身和相关人员带来严重后果，而作为一市之长，经历过多重考验的段某却依然知错犯错。除个人品质因素外，还体现出在与公务员有关的治理活动中，监督、考察、审核等方面还存在缺陷。可以说，到了市长这样高度的段某，肯定有一番工作绩效，不过处于这样的高度，滥用职权的可能性也很高，我国公务员队伍中这样的例子并不算少。而足够多的例子却没有让该市的政府监督机构提高警惕，或者说这也是公务员体制中难免会出现的纰漏。

（2）公务员奖惩制度存在缺陷。

简阳市政府采取的措施有：撤销了非法批准的30个批地文件，收回了非法批准使用的土地，资阳市委决定给予非法批地负有重要领导责任的简阳市委副书记、市长段某党内警告处分，调离市长岗位；给予负有主要领导责任的简阳市副市长党内警告处分；简阳市委已决定分别给予简阳市国土资源局党组书记、局长和平武镇副镇长行政警告处分。简阳市委副书记、市长段某已向资阳市委做出书面检查。这样的处分倒是符合对市长级别人物的处理方式，这也和我国公务员惩罚制度的特点有关。从警告到开除，各个处分对应不同的错误程度。而对段某的免职，也算是对该市公民，以及对我国公务员制度的一个交代。在我国社会各方面的治理中，奖惩方式总是一个值得深入探究的话题，毕竟奖惩看似是一个独立的内容，但却对一个体系中的多个方面产生影响。

（3）治理理论中的责任与效率，灵活性与原则性的矛盾处理存在问题。

短短一周之后，2010年8月24日，资阳市第二届人大常委会第二十五次会议，讨论通过了段某为资阳市财政局局长的任命。免后再任，间隔还如此之短，这对于民众来说是无法想象的；但在公务员，尤其是高级公务员之间似乎并未有太大不妥。何况在此之前，对被党内警告的段某，领导小组会的评价出奇“高调”。其实不可否认，一个市长级别的高级公务员，培养起来所需的时间不短，不管是段某个人还是政府，都需要花费很大的精力，何况段某本人的过失并不能说明他就是不可救药的罪人。免职后再任职，这体现出政府在此方面治理过程中的一种协调方式：既惩罚了犯错误的人，也不浪费人才资源。但是这样的治理手段并不是万能的，依然存在不足和缺陷。段某如此快速地再次任职，一时引来舆论的广泛关注和强烈质疑。而且按照中央关于领导干部问责的相关规定，受到调离岗位处理的领导干部，一年内不得提拔；受到党内警告的党员，被要求一年内不得在党内提升职务和向党外组织推荐担任高于原任职务的党外职务。

（4）在治理过程中政府与公民社会关系处理存在缺陷。

在2010年10月30日，资阳市委宣传部发布通报称：段某已再次被免职。我们可以看出，虽然明文的规定给段某的再次任职造成了压力，但是更大的压力来源于社会舆论。政府与社会之间该如何协调也是亟待解决的问题。同时，这样的治理手段不能说完全不合理，但是却疏忽了民众的接受度。民众无法做到同政府高层一般高瞻远瞩或怜惜人才，民众看到的是一个犯了错的政府官员，在短短时间内又任新职。而基于一些原因，政府也无法公开阐明所有的利害关系，但这公开却不完整的信息反而会让民众心生疑惑，产生舆论，政府则会面临更大的压力。

2. 段某“免—任—免”背后的深层次根源

免职作为一种行政问责方式十分常见①，根据金登的多源流理论，我们可以具体分析“免职泛滥”的原因。

（1）问题源流。

金登指出，问题往往通过焦点事件被关注，通过相关指标变化、政策或项目的反馈等形式具体表现出来，本案例也不例外。

焦点问题的突出

为什么段某的案件会引起广泛关注，甚至会让一个地级市一时间成为全国的焦点？这在于对问题的界定。问题的界定主要通过指标、焦点事件和反馈信息等方式，此外，问题的界定还受人们价值观、对比与分类的影响。在这个问题上面，我们首先要认识与了解什么是“公务员免职”。从法律的规定来看，免职是指依法享有任免权的机关按照法律或制度规定，免去某人所担任职务的行为，它不具有惩戒性。换句话说，按照我国现有的法律，免职的后果无损个人直接利益。免职与其他行政问责方式不同，不具有惩戒性，现有职务的免去（除个人原因免职）意味着未来还可能会获取新的或更高的职务。免职对当事人不造成任何名誉、金钱等方面的利益减损。

在本案例中，段某经历两次免职，而第一次免职是由于段某“不作为或乱作为”而产生的。很显然，当地政府将免职作为对段某的一种惩戒性措施。自从 2003 年 SARS（重症急性呼吸综合征）暴发以来，我国从中央到地方政府纷纷制定相关法规，把免职扩大为行政问责的形式，这实际上赋予免职另外一层重要的功能：惩戒性。此举意味着我国政策制定者们在功能上把免职和问责等同起来，并以法规、办法等法律形式赋予其合法性。正因如此，我国对公务员的行政问责开始出现“免职泛滥”的情况，由于目前我国没有统一规定行政问责的形式，各个地方政府所颁布的法律法规不尽相同，其中影响职务去留的问责形式有：责令辞职、引咎辞职、停职检查、免职。但是，实际上，相比其他问责方式，免职是问责官员中最流行的形式。而段某事件就是“免职泛滥”最典型的案例。

而真正能够引起段某案件轰动一时的直接原因正是段某“免—任—免”的“肥皂剧”在不到一个月内全部“演完”，而这也足以反映事件的严重性。

---

① 莘素．公务员被立案调查，任免机关可以暂停其履行职务吗［J］．中国人才，2007（21）：83.

聚焦“免职泛滥”的相关指标

免职原因占比如表5－1所示。

表5－1 免职原因占比

原因类型	数量	构成百分比（%）	累计百分比（%）
行政不作为或行政乱作为	19	63.3	63.3
违法违纪	7	23.3	86.6
工作作风不严谨	1	3.3	89.9
犯罪	1	3.3	93.2
其他	2	6.8	100

免职后的复出时间占比如表5－2所示。

表5－2 免职后的复出时间占比

复出前后时间差	数量	构成百分比（%）	累计百分比（%）
1个月以内	5	16.7	16.7
1～3个月（不含1个月）	5	16.7	33.4
3～6个月（不含3个月）	4	13.3	46.7
6～12个月（不含6个月）	7	23.3	67
1～2年（不含1年）	5	16.7	83.7
2年及以上	4	13.3	100

复出职位变化情况占比如表5－3所示。

表5－3 复出职位变化情况占比

职位变化情况	数量	构成百分比（%）	累计百分比（%）
升职	0	0	0
平职	24	80	80
降职	6	20	100

通过表5－1至表5－3的具体数据与指标，不难发现官员的免职原因五花八门，甚至于犯罪都拿免职作为惩戒性措施，足以体现出“免职滥用”的严重性；同时，官员被免职之后复出的情况也十分常见，且复出的时间长短不一，甚至有多起如“段某案”一样，在短短一个月内就复出，这其中的程序和原因，民众却全然不知。

（2）政策源流。

政策源流是问题解决的集合，是政策共同体针对以上问题提出的解决方案集合体。

“段某案”反映的“免职泛滥”问题的政策共同体主要包括政府官员、学术专家、政策研究者等利益相关者，各个利益相关者的态度和行为构成解决该问题的政策源流。

毫无疑问，免职须依法而行，遵循程序化、法制化问责轨道。但是，仔细查阅近年全国人大及其常委会颁布实施的涉及免职的法律，仅发现在公务员法第十五条对公务员享有的权利加以规定时提及免职二字，而在该法第六十二条公务员处分的种类规定中却无免职这一项。可见，我国法律对官员问责免职的相关惩处没有明确规定。

而在每年的“两会”上，关于免职的议案时常被提出，但问题却始终没有得到明确的解决。因此，从国家层面上来看，并没有具体的政策源流，更多的是相关利益者的表态与一些建设性论文的发表，几乎每个省都缺少实践性措施。

（3）政治源流。

政治源流是指对问题解决产生影响的政治因素，它独立于问题源流和政策源流，主要由国民情绪、政治集团之间的竞争、政党的意识形态以及政府的需求取向等构成。

从中国共产党的角度来看，中国共产党是中国的执政党，全心全意为人民服务是党的宗旨，党的意识形态对公共政策的影响是关键性的，甚至是决定性的。面对越来越严重、越来越泛滥的免职问题，中国共产党有理由、有责任，也有义务考虑该问题。在这种情况下，仅仅依靠相关利益者的发声与建议是完全不够的，执政党必须尽快做好相关工作。

从国民情绪的角度来看，金登教授认为：“在一个国家里有大批的民众正沿着某些共同的路线思考，这种国民情绪经常以明显的方式发生变化，而且国民情绪的这些变化对政策议程和政策具有重要的影响。”国民情绪可以被视作一种较为普遍的价值取向与利益诉求，通常是以公众舆论的形式表现出来，强大的公众舆论会在政府公共决策外部形成强大的压力群体。在本案例中，正是由于公众强大的舆论压力才最终导致段某第二次被免职，同时也是因为强大的公众舆论压力才将此事件推向高潮，引起全国范围内的关注。这也足以反映出此类事件的严重性。

综上所述，我们不难发现“免职泛滥”的问题源流、政策源流、政治源流三者之间已经形成了一种耦合。实际上，“免职泛滥”的“政策之窗”已经打开，政策研究者必须牢牢抓住这次机会，让“免职泛滥”的肥皂剧不再发生。

3. 段某事件带来的启示

上述的问题不仅仅是因为上层制度和管理不到位，我们可以看出，舆论在该事件中也起了极大的作用，甚至直接导致了段某被免职，这也带给我们一个思考：如何更好处理政府与公民社会之间的关系问题。段某事件给我们的启示如下。

（1）发挥专业与社会作用解决公务员制度中存在的缺陷。

对于高职位的公务人员监督，依然应该做到公正严谨，否则与本事件类似的情况将会层出不穷。所以，在公务员的升降任免中，应该采取更加严格的考核方法。首先在每次考核中，应该综合考察公务员的业绩、德行、民众意见，在此基础上形成一系列考核指标，注意考核指标不仅要体现其专业技能，更要考察其身为公务员的本质和思想高度。尤其对于一些政府高级官员，在考察队伍的人员配置上也要注意。最好专门派遣考察人员，避免隶属和上下级关系带来的作假和有意疏漏。其次应采取民众参与的方式，将公务员的工作业绩等信息公开给社会，让辖区内的民众也参与考核。在监督环节中，仍有不少地方需要进行修正。本案例中，段某被查出违法批地，说明了在监督环节也出现了疏漏。政府首先应该肃清监督部门，选用合格的人才，创新完善相关法律法规。减少监督与被监督部门间的行政关系，减少灰色地带，让监督更加公正公平。

（2）对于政府与公民社会之间的关系处理，政府应该更加公开透明。

政府应将奖惩升降结果和计划考量公开，让民众广泛参与讨论。也可以让民众参与到决策中来，以此减少社会舆论的压力。同时，政府应该加强对民众法律意识的培养，让其更好地学习相关知识。从段某事件可以看出，民众参与分析该类问题缺乏专业的知识支撑。政府应该想办法给民众普及相关知识，以此减少社会舆论的压力。如今多中心的治理结构要求在公共事务领域中国家和社会、政府和市场、政府和公民共同参与，结成合作、协商和伙伴关系，形成一个上下互动，至少是双向的管理过程。

（3）处理矛盾时，应当抓住重点。

如何处理好责任与效率、原则性与灵活性这两对关系，还需要进行更深入的思考。首先，在面对一个问题时，政府应该全方面考察其带来的影响，包括对政府工作本身、政府的形象、公务员自身、公民及社会等的影响。在此基础上找到影响最大、后果最严重的一级，接着有针对地进行考量，若处于公民及社会层面，则需要考虑更多舆论影响，维护政府形象。若关系国家长远层面和政府的工作能力，则需要更加灵活地处理。当然，这两对矛盾可以共存，关键还是要提升政府工作能力，减少过失。我们也可以这样理解，政府对段某事件自有定夺。但是为了能够让社会接受度高，其治理的手段较为委婉。第一步免去市长一职是按照公务员惩戒制度的要求，也是给社会一个交代；第二步再次任职是为了灵活地处理，同时也是对社会舆论的一种试探。若民众能够接受，无太大异议，则日后出现类似问题也可以这般解决。但是这一次舆论压力很大，政府不得不再将其免职以平息社会舆论。在这两对矛盾中，公民看中的更多是原则性和责任，因为政府的宗旨是服务人民，从自身利益和长远的发展来看，公民自然会怀疑政府此举的公正性。

（4）去“免职泛滥”新方向。

首先，在法律上重新界定免职是一种人事管理行为，与其他行政问责手段区别开来。其次，免职只是启动问责后的人事管理的必要程序，绝不能成为最终程序。最后，在官员问责方式中应启用“罢免、撤职、开除”等问责形式，从而可避免执行混乱。

段某为简阳市的经济发展“暗箱操作”，上级领导的处罚“偷龙转凤”，人民群众的反对声势浩大，终究成了一场以“庶民的胜利”告终的大型连续剧。虽然段某的免—任—免事件已经告一段落，但在未来的日子里，像段某这样的任免仍会存在。免职的滥用仍然是当代中国政府正在面临的严峻问题。官员们利用民众对免职一词的不理解以及免职一词在性质上的不明确，随意免职以麻痹民众，不仅阻碍了政治的发展，也形成了一股不正之风。由于行政主体故意混淆免职的概念，让社会大众感到自己被欺骗，社会大众也就因此对行政主体产生不信任感，对行政主体产生质疑。如果这类事件频频发生，社会大众对行政主体的质疑很可能会变为对行政主体的完全不信任，行政主体也就丧失了公信力。除此之外，免职仅仅是一种正常的职务任免程序，本身不带有惩戒性和贬义色彩，而在社会大众眼中很可能异化为因该公务员“犯了事”而给予的一种处分，是对“犯了事”的公务员的一种负面评价，会给该公务员带来不必要的精神压力。随着人民群众的法律意识越加强烈，国家的法律普及逐渐加大力度以及制度透明化的跟进，官员的一举一动都会受到人民的监督，免职的滥用也会受到很大的限制，但未来如何，我们仍无法准确预测，希望社会各界成员都能助力使其前往正确的方向。

教学案例 2

学者从政

——任免制度新局面

2015 年 1 月 27 日，即将离任的 C 在清华大学做了最后一场演讲，题目为《选择与坚持》。翌日，环境保护部召开机关全体干部大会，中央组织部副部长王尔乘宣布中央决定，C 同志任中华人民共和国环境保护部（简称环保部）党组书记。2 月 27 日，十二届全国人大常委会第十三次会议经表决通过，决定任命 C 为环境保护部部长。此举在全国范围内引起较大关注，“学而优则仕”现象再度出现在政坛。这是否会成为我国公务员任免制度中的一大创新和突破，如何问诊传统任免制度的弊端，外界对此都抱以期待。

C，1964 年 2 月出生在吉林梨树。1984 年 6 月加入中国共产党，1998 年 4 月参加工作，获得清华大学环境工程系环境工程专业硕士研究生学位之后，他前往英国帝国理工学院深造，并取得了环境系统分析专业的博士学位。曾任英国帝国理工医学院助理研究员、清华大学环境科学与工程系主任、清华大学校长，并于 2015 年升任环境保护部党组书记、部长；2017 年当选北京市委副书记、副市长、代市长、市政府党组书记、北京冬奥组委党组副书记等。从中国最高学府到国家部委再到北京市副市长、代市长，这个身材高大、处事低调的吉林人给外界留下人缘好、没架子、鼓励创新、实干者、追求科学等学者印象。

“面庞白皙，戴着一副眼镜，学者范儿十足”是外界给 C 的评价。在环保界，特别是在水污染治理领域，C 有着很高的声誉。C 除了学术能力很强，还有着高超的人际交往和处理问题的能力。

早在 2005 年，C 就显现出在环境治理方面的突出能力——2005 年 11 月 13 日，吉林石化分公司双苯厂一车间发生爆炸。爆炸发生后，约 100 吨苯类物质（苯、硝基苯等）流入松花江，造成了江水严重污染，沿岸数百万居民的生活受到影响。C 临危受命，带领团队前往污染现场做环评。曾有媒体报道，当时，C 不仅迅速从技术上为政府出谋划策，还给在建设部担任专家组成员的朋友打电话，让他联系相关领导去现场参加并指导应急供水工作，及时缓解哈尔滨市民饮水紧张的问题。这件事给学者、专家留下了很深的印象，他们认为 C 既有专业知识，又目光长远，考虑的问题和提出的对策都很有远见。

此次 C 任职环保部党组书记，既是意料之外，又是情理之中。随着高校校长从政之势越演越烈，C 从清华校长一跃成为国务院的重要成员，不免令人惊讶。无疑，C 作为学者专家，在环保领域颇有建树，但是否这就能成为学者从政的良好契机还值得商榷。

在选任 C 为环保部党组书记时，上级从多方面考虑权衡，既要解决我国存在的任免制度的痼疾，又要进一步创新发展任免途径。考虑到 C 是一位环境系统分析领域的权威学者，特别擅长水污染治理，并且致力于将系统分析的方法和工具应用于环境工程、规划、管理和政策研究，特别是解决复杂环境的综合性评估问题及其中的不确定性问题，上级认为 C 将在任命期间不辱使命，这的确是改革我国公务员任免制度的一大突破口——逐步改变以往任免的固定模式，不再是简单的官位晋升，而是选拔出在各个领域有优势的“新人”，从而更好地组成队伍。

选任之前，滇池水污染控制、松花江水污染事件、圆明园环保风暴、汶川地震救灾等重大事故灾难中，都有 C 的身影。2001 年和 2004 年，他先后主持了多次污染治理工作。2005 年他接手轰动一时的圆明园东部湖底防渗工程的环评工作，并开始为公众所知晓。2006 年松花江发生重大污染，他以专家的身份协助环保总局进行污染处理。

与之前的校长换届不同，此次 C 出任环保部党组书记，事先在清华校内的知晓程度并不高。正式任命的消息公布前，甚至在任命发布前一小时，清华的中层干部也才得知该消息。这个决定震惊了很多人，但大家又觉得，这一变动又在情理之中，“如果说中国需要一位有学科背景、有勇气也有担当的环保部部长的话，那么 C 就是这个选择。”大家都认为，“他认为新工作可以和专业进行结合。学习环境系统分析的 C，正好可以在这个岗位上‘人尽其才’。”

C 接任环保部党组书记，此次履新，让中国政坛再度出现“学而优则仕”现象。与同样出自清华大学，曾担任清华大学党委书记，2008 年调任教育部副部长，此后相继在辽宁省委、中国科学技术协会和中国共产党中央组织部（简称中组部）任职的陈真同志一样，C 也是一个“学而优则仕”的范例。

一直以来，名校校长都是一个备受关注的群体。2015年1月28日晚间，环保部官网发布消息称，当日，中央组织部副部长王尔乘到环境保护部宣布中央决定，C任中华人民共和国环境保护部党组书记。虽然此前关于C将上调中央部委任职的消息早已有传，但是此次官方证实后，舆论再次聚焦了这位60后环境专家。环保部也成为新一届政府成立以来第三个更换“一把手”的国务院组成部门。

C没有从政经验，是一些媒体所形容的“政治素人”，他掌管环境部能否比历任“掌门人”交出更好的成绩单，有待日后观察。对于即将履新的部门，大家也为他捏了把汗。他所面对的环境问题包括：北京的雾霾，河北的烟囱，内蒙古被排污的沙漠，蔓延西北地区的荒漠化、水土流失、生物多样性破坏……即使在世界范围内，都是让人头疼的难题。而党的十八大提出的现代化建设总体布局五位一体中，新增加的生态文明建设无疑会有相当一部分的压力落在了初入官场的C肩上。面对环境形势的日趋严峻，民众的高度关注，C的上任显得极其重要和紧迫。由于要解决的问题太多，所以让他对环保工作和自身的要求也前所未有地严苛起来。

担任环保部部长之后，诸多问题扑面而来，这些问题萦绕在C的心头，他心中暗自决定要把每件都解决好，就像之前在清华毕业典礼上对学生说的那样：“从小事做起，从现在做起，不怨天尤人，长期坚持，不断投入，不要轻易放弃。”2014年国内空气未达标城市占九成，河流劣Ⅴ类水质近一成，海洋Ⅳ类、劣Ⅳ类水质超两成半。环保部联合国土部2014年4月发布的全国土壤污染状况调查公报显示，全国土壤点位超标率为16.1%，重金属污染状况堪忧，环评乱象已成顽疾，环境污染日益严重。

新官上任三把火，C连日无休地工作，已经无暇顾及家中的琐事。结束一天繁忙的工作之后，刚踏进家门的C随手将公文包丢在一旁，又进入书房陷入深思，他的脑海中不断浮现关于解决现有突出环境问题的创新方案。此时，关于如何打破地方政府对环保工作的掣肘，加强环保部门的决策权重，协调发展经济与保护环境的矛盾，落实新环保法，这些问题尽管棘手，但是C心中已经有了明确的答案。

此后召开的会议中，C明确表示，目前的一些重大决策存在没有算清旧账的问题。比如治理雾霾，花多少钱，怎么花，谁出钱，分布在什么样的时间尺度上，怎么能在最快、最可行的基础上，在大家能接受的政治力度和资金投入范围解决这一环境问题？C升任了环保部部长，作为专家学者，在环保领域C是很有发言权的。他强调，我们应加强费用效益和效果分析，探索通过市场机制让环境投资从财政负担变为促进经济发展动力的改革道路。

2014年2月9日下午，中央第三巡视组向环保部反馈专项巡视情况。环评未批先建，环保部领导及其亲属违规插手环评审批，环评技术服务市场“红顶中介”现象突出，容易产生利益冲突和不当利益输送等多项问题。这一天是调任环保部后C的首次公开亮相，C在巡视反馈会上明确表态，要以环境影响评价为重点，大力加强行政审批制度改革。

三天后，C 主持召开环保部党组会议，研究部署巡视整改工作。会上提出像治理污染一样向腐败宣战，确保如期保质完成整改任务，提出坚持问题导向，抓紧筛选一批、查处一批、处分一批、通报曝光一批环境违法典型案件和移交的问题线索，从依法行政、严惩腐败、建章立制三方面共同发力，强化“不敢腐”的震慑氛围、“不能腐”的制度约束、“不想腐”的思想防线。

反腐风暴逼近环保部，破题正当时。与此同时，“改革”是 C 履新环保部后的又一关键词。C 在与联合国工业发展组织总干事的在交谈中提到，运用法制思维和法制方式不断深化环保领域各项改革，依靠市场机制创新、科技进步和严格执法切实加强中国生态环境保护。

整改和改革同步进行，C 开启了环保部的新局面。

2015 年，被称为“史上最严”的新《中华人民共和国环境保护法》开始实施，这一法律明确在我国实行严格的环境保护制度。这是继严格的耕地保护制度、严格的水资源保护制度之后，中央提出的第三个严格的制度。这也成为 C 上任后“得心应手”的利器。C 提出：“一个好的法律不能成为‘纸老虎’，我们要让它成为一个有钢牙利齿的‘利器’，关键在于执行和落实。”2015 年年初，C 就对记者表示，环保部把 2015 年定为环境保护法的“实施年”，开展全面的环保大检查，对于违法的特别是未批先建的企业进行全面的排查。以往，环保工作最大的阻力来自地方政府，而 2015 年环保部监督执法的一个重大变化就是“督政”。用 C 的话说，是“督查把脉会诊，约谈传导压力”。

2015 年 3 月，在廊坊市环保综合督查情况反馈会上，首次出现了党委“一把手”的身影，廊坊市委书记出席会议并表态；随后，江西省副省长、九江市委书记，铜陵市委书记，昭通市委书记先后出现在各市的综合督查情况反馈会上。会议上，随着各位领导的陆续入座，C 开始表达自己的想法：“综合督查出现的问题一定要得到解决，地方政府肯定要有压力，今后我会不断约谈政府的主要负责人。环境问题是重头戏，我既然出任环保部部长，大家都是政府官员，就一定要不辱使命，妥善把和人民相关的环境问题处理解决。”不断地加快约谈速度之下，截至 2015 年 10 月底，环保部约谈了长春、沧州、临沂等 15 个城市的政府主要负责人。

2015 年，环保部所属事业单位的 8 个环评机构全部从环保部脱离，同时改革的还包括环境影响评价、总量控制、污染排放标准、排污收费等管理制度。C 表示，通过这一系列改革，最终形成以环境质量改善为核心，制度间有效衔接、运行顺畅、简便高效的管理制度体系。

在 2016 年 1 月 11 日召开的 2016 年全国环境保护工作会议上，C 对来自全国各地的环保厅局长们说：“当前围绕改善环境质量这个核心，一些党员干部思想观念迟迟转变不过来，工作思路、工作方法仍停留在过去，没想法、没办法、没起色。思想观念、方式方法必须尽快转变、调整到位。”长着一张和善的圆脸，一贯表情温和的他大声说："转不过来，就换人！"此时正是寒冬时节，萧瑟的风呼啸而过，越发衬托出会议室里气氛的凝重。环保厅局长们都默不作声，此刻他们心中明确地知道，这个前清华校长，在踏入仕途后，在任免方面绝不是纸上谈兵。会后，局长们都紧锁眉头，迈着沉重的步伐走出了会议室，谁也不知道会在这个位置上坐多久，因为 C 所期待的是更多能结合实际解决问题的新鲜面孔，坚决免除不合适、不适应的官员。

在大学里埋头做学问的学者，学术的贡献较多，而政府的智库更了解政策的进程，但前者距离政策稍远，后者知识的系统性稍弱，怎样才能实现两类人才的结合，是 C 这样的实干者关注并希望推进的。

当前公务员任免不再单纯从考试出发，环保事业改革不仅需要过硬的专业知识、坚定的改革锐意，还需要对当前利益格局和经济发展方式的精确把控。所以，专家从政，打破原有制约环境保护的种种束缚，使我国环境污染的治理翻到了新的一页。

任环保部部长期间，C 多次调研北京市的情况，在他之前，北京历任市长均无环保系统工作经历。

北京市第十四届人大常委会第三十九次会议决定，任命 C 为北京市副市长、代理市长。中央环保督查工作正在如火如荼的进展过程中，牵头督查工作的环保部部长却摇身一变成为北京市代理市长，从专业治理环境问题的专家转变为北京市的"大管家"，C 的身份再次转变。

从推荐 C 的有关人员处，我们得知 C 的改革创新意识强，敢于担当，敢于碰硬，抓工作力度大。在担任环保部部长以来，针对我国现阶段面临的复杂环境问题，正确把握和处理环境保护与经济社会发展的关系，深化环保领域体制机制改革，坚持以改善环境质量为核心，他敏锐、果断、雷厉风行，放眼全局后，能在具体的事情上迅速抓住症结，并做出判断。他一旦决定实施某件事，并做了广泛的调研之后，会目标明确地去推进此事。学者从政既可以弥补以往任免人员存在的专业领域的缺陷，同时又是任免制度中的亮点和创新处。

目前京津冀协同发展最大的短板首先是生态环境问题，其次才是交通拥堵问题。生态环境也是京津冀地区最早开始联动的领域，北京未来远景发展目标是建成国际一流的和谐宜居之都。因此，生态环保是京津冀协同发展的重中之重，C 调任北京可能也是出于这一考虑。

结语

C 在仕途上的"顺风顺水"不仅与 C 自身优秀的素质和专业的能力有关，也体现着我国与时俱进的公务员任免制度改革的趋势，从高校招揽从政人才，拓宽干部选拔的范围，让专业的人才做专业的事，这不仅是对目前国家的各种民生、社会问题负责，更是对老百姓负责。随着我国政治、经济改革的进一步深化，我国参与国际间的交流越来越频繁，面临的困难与挑战也越来越具有时代性。要应对政府职能的转变和行政效率的提高，公务员队伍建设必须与时俱进、开拓创新。只有公务员的任免制度更加合理，公务员系统的建设才能更加完善。

【问题】

1. 请谈谈学者从政的优势是什么？
2. 思考学者从政需要避免的问题有哪些？

【分析】

1. 学者从政的优势

首先，中华人民共和国成立以来，尤其是改革开放以来成长起来的一大批专家学者，是我国改革开放的直接受益者，对党和人民有着深厚的感激之情。以 C 为代表的专家学者，在经过中国培养或国外深造之后，已经成为各个领域的骨干力量和业务领导，有着强烈的事业心、爱国情和使命感，都希望用自己所学的知识来回报社会和报效祖国，政治素质极高，这是学者从政的政治优势。

其次，学者具备较高的科学技术水平和专业技能，便于正确完整地理解和执行党和国家的一系列方针政策，也有助于理解上级的意图，在日常与上下左右的沟通中可以减少由于理解不到位带来的误会和错误，减少由于沟通不畅带来的矛盾和冲突，避免出现“渠道性梗堵”。由专家学者担任政府实职，分管某一专业领域的具体工作，可以充分发挥专家学者们的业务专长。专家学者可以充分利用自己的科技知识，制定合理的产业政策，辨别真正的高科技企业，并制定吸引、鼓励高科技产业发展的优惠政策。专家学者们有从事科研工作的体会和经历，和科技企业家们有着许多共同的语言和感受，这便于其开展工作，直接为部门出谋划策、排忧解难，这些优势是一般的行政干部所不具有的。

最后，专家学者独特的工作、生活和思维方式，也构成了专家从政的一个优势。专家学者在长期的学术生涯之中，养成了独立思考、坚持和追求真理的优秀品质，并且甘于寂寞。专家学者从政，担任实职，成为领导班子中的一员，可以在班子决策时成为服从但是不盲从的一种相对独立的“因素”，有助于防止决策失误，有助于在班子中形成一种科学、民主的工作氛围，提升班子决策的知识和科技含量。

此外，由于绝大多数出任实职的专家学者都是组织上统一安排调派到一个新的地区去开展工作的，和当地没有什么利益上的瓜葛，所以客观上有助于决策时从事物本身的是非曲折来做出评判和决断，可以避免各种复杂的人际关系和利益导向对决策的影响，有利于公正施政，防止“外部人”对“内部人”的控制和干扰，在欠发达地区，这一点是很重要的。

专家学者们务实、讲究工作效率、视时间为生命，不喜过繁、过频的社交及夜生活，业余时间仍然坚持自己的学术研究，个人的精神生活比较充实，这些在客观上也有助于防止腐败现象滋生与养成不良的工作和生活习惯，有助于树立清廉的公务人员形象，有助于维持高效率的工作风格，有助于克服官僚主义。务实的学风，也有利于防止“花架子”“形象工程”“政绩工程”的产生。

任命专家学者从政是现代公务员任免制度的一大新的趋势。尽管行政工作和科研工作存在着巨大的差异，但是通过任免制度的创新和改革，能带动公务员制度的更大的突破，学者从政必将成为适应我国现代化经济发展、政治制度完善的新趋势。

2. 学者从政需要避免的问题

首先，能够被选调出来担任各级政府实职的专家学者都是原单位综合素质比较好的、具有一定组织协调和领导能力的技术骨干。在现在我国各级行政干部人数过多、职数设置过多而专业技术人员数量严重不足的情况下，过多地把一些优秀的专家学者抽调到行政部门，势必影响到科技部门的工作、我国的科技事业的发展。如果在选拔上出现失误，把行政协调能力弱、不善于处理复杂人际关系的学者选拔到领导岗位，则易造成人才浪费，往往使地方工作也处于被动局面。

其次，专家学者们从一个自由的、充满学术氛围的团体，到一个等级分明、纪律严明、指挥有力的政治行政机构任职，尽管其或许在原来的学术单位里担任过某一层次的领导，也具备了一定的组织协调、领导能力和政治素质，但是，工作环境的差异是明显的，必须根据具体的工作环境，在思维方式、工作方式、为人处世乃至生活方式等方面做出适时的必要调整，这样才能适应新的工作环境、胜任新的职务。学者从政应适当放弃那些学术工作中所特有的，而在一般工作环境中所必须避免的独特的气质和性格，能够服从上级领导指挥，适时妥协，要知道妥协是一种艺术、一种工作方式。那种凡事都要问一个为什么、乐于发表“学术观点”的风格和凡事都要钻牛角尖的性格是难以适应行政工作的。

最后，尽管专家学者们都具有丰富的科学知识和良好的理论素养，在某一个领域里都是行家里手，但是对于政府的运作模式等缺乏掌握和了解，对当地的风土民情等社会经济情况也并不熟悉，这些都使得专家学者们缺乏某种发挥才干的基础，从而导致专业才能难以充分发挥。因此，到任后须自觉主动地接受党委的领导和指导，把钻研精神深入运用于实际，运用于掌握问题、发现问题和解决问题之中去，力争尽快熟悉情况、进入角色、担当重任。

本章参考文献

[1] 侯建良. 公务员制度发展纪实［M］. 北京：中国人事出版社，2007.

[2] 孙柏瑛，祁光华. 公共部门人力资源管理（修订版）［M］. 北京：中国人民大学出版社，2008.

[3] 谭功荣. 公务员制度比较研究［M］. 重庆：重庆出版社，2007.

[4] 宋慧丽．公务员职务升降制度规避人情伦理关系探析［J］．改革与开放，2010（02）：99＋101．

[5] 赵勇．浅析公务员职务升降中存在的问题及对策［J］．科技与经济，2001（05）：43－44．

[6] 湖南省人事厅公务员管理处．公务员管理信箱——国家公务员职务任免制度政策问答［J］．人事与人才，2001（05）：17．

[7] 贺馨宇，王月明．免职：行政法规范与公众观念的冲突及调和［J］．福建论坛（人文社会科学版），2016（12）：214－221．

第六章　公务员的交流制度与回避制度和相应的教学案例

【学习目标】

本章主要就公务员交流制度和回避制度进行了阐述，重点掌握分析公务员交流方式中的调任、转任、挂职锻炼的内容和回避方式中的任职回避、公务回避、地域回避的内容。

第一节　公务员的交流制度与回避制度

一、公务员交流制度与回避制度的含义与意义

公务员交流制度是指国家机关根据工作需要和公务员个人愿望，通过调任、转任、挂职锻炼等法定形式，变换公务员的工作职位，从而产生或变更公务员职务关系或工作关系的人事管理活动与过程。

公务员回避制度是指通过对公务员的所任职务、执行公务和任职地区等方面进行限制，以预防、减免、消除亲疏关系等人为因素对公共管理工作的干扰，以确保公务员依法任职，依法行政，促进反腐倡廉。

公务员实行交流制度与回避制度有着十分重要的意义，其有利于保障中央权威的发挥和中央政策的贯彻执行；有利于国家机关培养锻炼干部和国家机关的廉政建设；有利于公务员学以致用和加强机关管理机制的落实。

二、公务员交流制度

我国公务员法明确规定：国家实行公务员交流制度。在进行公务员交流时，公务员应当服从机关的交流决定。公务员本人申请交流的，按照管理权限审批。

我国公务员交流的范围，包括内部交流和外部交流两种。内部交流，是指在公务员队伍内跨地区、跨部门的交流和在同一部门内不同职位之间的交流；外部交流，是指与国有企事业单位、人民团体和群众团体中从事公务的人员的交流。外部交流的范

围限定于国有企事业单位、人民团体和群众团体。

三、公务员交流的形式

目前我国公务员交流，包括调任、转任和挂职锻炼等法定形式。

根据我国法律法规的有关规定，调入公务员机关任职应符合以下几个条件：第一，调入单位必须要有国家规定的编制空额和相应职位空缺；第二，调入的公务员必须符合回避的规定；第三，调入的公务员要具有拟任职务所要求的政治思想水平、工作能力以及相应的资格条件。

调任的程序一般包括以下几个方面：第一，在编制和职位允许的情况下，各部门根据工作需要和年度公务员调入计划，提出拟调入人员的要求和资格条件；第二，如有必要，对符合条件的人员进行考试或考核；第三，对初选合格的人员进行严格考察，考察通过的人员报公务员主管部门进行审核，按照管理权限进行审批并办理调任手续；第四，报任免机关进行任命，有的还需要进行一定的考核培训才能正式到岗任职。

转任是指公务员因工作需要或者其他正当理由在机关系统内跨地区、跨部门的调动，或者在同一部门内的不同职位之间进行的转换任职。

公务员的转任要受一定的条件限制，须符合以下相应的要求：公务员转任必须具备拟任职位所规定的条件要求；公务员转任必须符合规定的编制额和职位结构要求，必须有相应的职位空缺，不能在满编或超编，以及在违反职数比例的情况下接收转任的公务员；转任中如果出现职务升降，应当按照公务员职位升降的有关规定，履行必要的程序。

在公务员管理实践中，适用于公务员转任的情形主要有以下几种：因工作需要，有组织、有目的地选调人员充实或加强某一方面的工作；根据工作需要合理任用人员、充分调动公务员积极性的原则，通过转任对公务员进行职位调整；对超编人员的调整和空缺职位的补充；为满足公务员的自身发展，更好地发挥公务员的作用而进行调整；通过转任帮助公务员解决个人、家庭的实际困难。

挂职锻炼是指机关有计划地选派公务员在一定时间内到下级机关或者上级机关、其他地区机关以及国有企事业单位担任一定职务，以此经受锻炼，丰富经验，增长才干。公务员挂职锻炼与调任、转任相比，具有如下特点：不改变公务员身份，不改变公务员的隶属关系；挂职锻炼有时间性，挂职锻炼人员在锻炼结束后仍回原单位，由原单位安排工作和职位；挂职锻炼是一种内外混合型的交流形式。从实践看，目前挂职锻炼主要有三种：一是进行实践锻炼；二是进行培养锻炼；三是进行使用锻炼。

四、公务员回避制度的原则与种类

回避制度作为国家公务员制度的重要组成部分，具有很强的政策性、强制性和针对性，在实际操作过程中必须按照法律制度的精神和原则，贯彻执行相关的制度和政策。具体而言，在实施回避制度的过程中，必须遵循以下几个基本原则：依法回避原则、政策配套原则、主动申报原则和内外监督原则。

公务员回避制度包括任职回避制度、公务回避制度、地域回避制度三种类型。从理论上来看，这三种回避种类基本包括了可能影响公务的主要情形。

我国的任职回避制度是指公务员之间存在法定限制的亲属关系者，不得在同一机关担任双方直接隶属于同一行政首长的职务或者有直接上下领导关系的职务，也不得在其中一方担任领导职务的机关从事监察、人事、审计、财务等工作。根据我国有关法律的规定，我国公务员任职回避制度确定了以下几种应回避的亲属关系：一是夫妻关系；二是直系血亲关系，包括父母、祖父母、子女、孙子女、外孙子女等具有直接血缘关系的亲属；三是三代以内旁系血缘关系，包括兄弟姐妹、堂兄弟姐妹、表兄弟姐妹、侄子女、甥子女以及伯叔姑舅姨等；四是近姻亲关系，包括配偶的父母、配偶的兄弟姐妹及其配偶，子女的配偶及子女配偶的父母等。

公务回避制度是指为了保证国家公务员依法公正执行公务而实行的回避。《国家公务员暂行条例》规定，国家公务员执行公务时，涉及本人或者与本人有夫妻关系、直系血亲关系、三代以内旁系血亲以及近姻亲关系的人员的利害关系，必须回避。与其他形式的回避制度相比，公务回避制度主要有以下几个特点：①公务回避制度具有时限性；②公务回避制度的范围更为广泛；③公务回避制度涉及的人员更为普遍。

地域回避制度是对公务员的任职地区进行一定的限制，即要求公务员不得在自己的本籍或原籍担任公职。地域回避制度的主要目的是通过限制公务员在本籍或原籍任职，尽量避免亲属关系对工作的干扰，为公务员提供一个好的办公环境。

五、我国公务员回避制度存在的问题

尽管我国公务员回避制度日趋完善，取得了很大的成就，但仍存在一些问题。①

一是回避的范围不大和种类不够全面。对于回避的范围，目前主要回避亲属关系中的夫妻关系、直系血亲关系、三代以内旁系血亲关系以及近姻亲关系。对于回避的种类，我国出台的《公务员回避规定（试行）》中没有对公务员离任回避做出明确的规定，未能真正做到通过“进、管、出”三个环节来对公务员履行职务加以全面限制。

二是回避的法律规定有待完善。首先，对回避理由的规定不够具体、过于简单；其次，对回避程序的规定不够详尽；最后，我国现行法律法规中，对公务员未回避而做出的行政行为是无效还是可撤销或可更正无明确规定。

六、各国公务员回避制度的比较

目前，国外公务员回避制度主要集中于任职回避制度和公务回避制度。与此同时，

① 韩锐，李景平．国外公务员回避制度比较及对我国的启示［J］．行政管理改革．2012（07）：64－69.

部分国家还规定有离任回避制度，包括：不得利用过去的职务和影响接受酬礼；禁止在与过去有业务关系的机构就业或取得报酬；不得泄露政府机密以谋取好处等。通过比较不难发现：国外发达国家对公务员任职回避制度规定的种类较全面和范围较大，如瑞士规定的血亲回避范围为四代以内直系和旁系血亲，日本规定公务员任职还要实行政党、同学回避。

第二节　公务员交流制度与回避制度的教学案例

教学案例 1

“安徽第一权力家族”倒台记

——近亲公务员回避制度研究

我国家族垄断政界的现象屡见不鲜，在当今法制社会下，如何管制这种行为，成为不可忽视的一个难题。

本案例主角王某通过自己的努力逐步晋升为安徽省委副书记，但是抵不住诱惑，逐步迷失自我，买卖权力，提拔了妻子、大儿子、妻子的两个弟弟，构建了安徽第一权力家族。2007 年 1 月 12 日，因受贿罪、巨额财产来源不明罪被判处死缓。

妻子杨某，原砀山县曲艺团的演员，后经过丈夫提拔成为安徽省机关事务管理局接待处处长，给丈夫吹“枕边风”，让其提拔自己的两个弟弟和大儿子。

大儿子原在阜阳市政府办公室任职，经过父亲提拔成为共青团安徽省委联络部副部长，为镇“民怨”，王某高调到双轮集团“视察”，并从刘某手中拿走了数十万元的“消灾费”。

妻二弟杨二从货车司机被姐夫王某提拔为砀山县委组织部副部长，后又成为宿州市委组织部副部长。出售“假官”，收受贿赂，受贿 28 次，卖出 69 顶乌纱帽。

妻大弟杨一，从师范学校化学教师被姐夫王某提拔为淮南市气象局局长，又成为宣城市委副书记。私生活糜烂，用 MBA 的管理模式管理七个“才貌双全”的情妇。

王某，1944 年出生在山东省梁山县一个偏远县城的小村里。父母为了供他上学，卖掉了家里三间房屋，这对他们本就困难的生活来说无疑是雪上加霜。在艰苦环境中成长的王某越发懂事，在学习上更是没有一丝的懈怠，1963 年他考上北京农业机械化学院水利与建筑工程系。离开家乡孤身求学的王某并没有在大城市里迷失自我，依旧保持着从小养成的勤俭节约、艰苦朴素的习惯。1968 年大学毕业后，王某被分配到宿县地区的砀山县园艺场，喂猪、打扫园林、照料果树，这些对他来说不是什么难事，做起来轻车熟路。正是这种稳重、踏实、谦虚、好学，给人留下了深刻的印象。砀山县要修护黄河，县水利局要求园艺场派人协助，他便被安排过去帮忙。凭着良好的水利专业基础，王某干起活来得心应手。他很快得到了水利局领导的赏识，随后被安排做工程指挥。修护黄河的工作完成后，王某便直接进入水利局工作。从此，他翻身一跃踏入仕途，也翻开了他人生的新篇章。1976 年，表现出色的他升任砀山县水利局副局长。1980 年出任县农办副主任兼水利局局长。1981 年，37 岁的王某被提拔为砀山县副县长，1984 年，他被调到砀山县附近的宿县，担任县委书记。1989 年，他被调到阜阳地区任地委书记。经过几年的磨炼，1993 年，王某荣升安徽省政府副省长，登上了仕途的巅峰。王某从政以来可以说是功绩显赫，他曾为中国农村家庭联产承包责任制的推行立下汗马功劳，同时也是中国水利工程领域防治当地水患的带头人。在阜阳地区任地委书记期间，王某在“三农”问题上的见解和想法很超前，给人们留下了深刻的印象。

1993 年，涡阳县新兴镇书记张某就农民负担过重问题与地区行署调研科科长薛某一同研究农业税费改革，并开始在新兴镇做小规模试点。1994 年 10 月，此镇试点基本成功。但当时有关领导认为涡阳县的试验违反了相关政策，因此把该试点定为非法。这让致力于试验的人们难以接受，于是薛某起草了《有益的尝试——关于涡阳新兴镇实行税费合一制度的报告》，上报上级相关部门。当时分管农业的副省长王某看完报告后，毫不犹豫地签了字，建议扩大一个县的试验范围，并让省里电话通知调研科再整理一遍。这份重新整理过的报告首先刊登在《安徽工作》上，后来由《中国改革报》转载，影响深远。报告指出：“先是确定太和县试点，然后推及整个阜阳，再到周边地区，然后安徽、江苏、湖北，直到全国。”1995 年 4 月，全国农村基层税费制度改革经验研讨会在阜阳市召开。这也意味着王某的这次大胆改革得到了上级的肯定与支持。

为人和善、勤政为民使王某广受好评；稳重、能干更是他升迁的重要资本。王某在副省级岗位上工作了 13 年，在安徽省主管农业和农村工作的时间也很长，所取得的成绩有目共睹。中国农业改革的很多试点工作，都是在安徽省试验成功的，而王某就是积极的实践者。除了分管农业外，身为副省长的王某还分管政法和计生。王某在工作中严于律己、规范用权，即使身居高位时，对待家人也没有“特殊照顾”。王某的“飞黄腾达”几乎没有惠及家人，这也使得他一直以“清官”闻名于家乡。王某在凭借着个人能力和努力为地方发展建设做出了突出贡献，成为领导放心、百姓尊敬的好官员。但是，随着职位的升高，这位出身贫苦的廉洁干部在政治思想上发生了变化，在灯红酒绿的世界里，在大大小小的贿赂面前，丧失了原则，贪婪地伸出了罪恶的双手……

王某收受的第一笔贿赂发生在其担任阜阳市地委书记之初。从 1990 年年初开始，赵某便为职位的升迁不断地在王某身上“投资”。付出终于有了回报，赵某在王某的帮助下，职位一路高升。尝到权力变现的甜头，王某的贪欲被激发出来。涡阳县钱某为了“买官”，成为王某最大的“投资者”。在 1991 年至 2003 年的 12 年里，钱某借春节、中秋节等节假日的名义，先后 24 次向杨某行贿 32. 5 万元。而钱某也从一名普通的乡政府工作人员，升为乡长、城关镇镇长，最后坐上涡阳县副县长的位子。

随着职务的一路升迁，王某所分管的领域也日益重要。越来越多的人被他手握实权、位处“实地”的“优势”所吸引，不惜砸下重金，只为日后获得更多的利益。阜阳市中级人民法院三任院长尚某、刘某、张某，都曾向王某行贿。完全沉浸在金钱旋涡中的王某不仅卖官敛财，对于企业老板送来的“糖衣炮弹”也欣然笑纳。在他704万元的贿赂款中有近400万元来自企业老板的“回馈”。安徽利源集团总裁贺某就是一个行贿大户，他被戏称为使阜阳市政界动荡不安的人。贺某原本是阜阳市一名个体户，靠卖食品起家，后来转向房地产。看到不少人靠关系以极低的价格拿到地皮后转手就可以大发横财，贺某也开始心痒难耐，他通过关系找到时任副省长的王某，说明来意并送上38万元“见面礼”。不久，贺某如愿拿到阜阳市中心120亩土地使用权，发了一笔横财。在一次次的权钱交易中，王某认为为他人提供帮助索取回报是一种“等价交换”，是理所当然的事情，他也是靠着这样的借口“说服”自己，在15年的时间里为所欲为，疯狂敛财。

王某的权力家族，形成于他离开基层，走进省政府并掌握实权的那年——1993年2月，这一年王某当选为安徽省政府副省长，并任省政府党组书记。

首先受到“关照”的是王某的大舅子杨一。杨一大学毕业后，曾一直在砀山县师范学校当化学教师，通过姐姐不断给王某吹“枕边风”，杨一的仕途之路也一路“绿灯”。

1994年6月左右，王某给有关组织部门领导“打招呼”。1994年8月，杨一当上了淮南市气象局局长。从教师到气象局局长，这种“三级跳”式的升迁着实让人吃惊。凭着丰富的知识和长期积累的经验，杨一很快适应了官场。在王某看来，适当地为杨一讨顶乌纱帽“意思意思”，以博得妻子的欢心，也算美事一桩。但他没想到，妻子再次向他吹起“枕边风”。1998年12月，王某被任命为安徽省委副书记，分管政法、农业和计生工作，成为实权在握的“政坛大佬”。在王某的“运作”下，杨一仕途一帆风顺，先后出任安徽省气象局副局长、宣城市副市长，2004年2月成为宣城市委副书记。

看着大哥在姐夫的扶持下平步青云，王某小舅子杨二坐不住了，他赶到合肥乞求姐夫王某并表示自己也想进入官场。但这一次被王某拒绝了。面对妻子娘家人不停伸手要官，王某顿生反感。特别是小舅子杨二，只是个货车司机，文化水平不高，能力有限。经过多回合的“智斗”和杨某从中周旋，王某最终答应帮小舅子捞个一官半职。2001年年初，小舅子果真摇身一变，从一名“车夫”魔术般地变为了砀山县委组织部副部长。“杨二以县委组织部副部长的身份给我们开会时，我当时吓了一大跳—— 这不是曾经给我们拉过货的小杨吗?!”砀山县一位官员回忆。该官员还透露，当时砀山县不少老干部曾联名向省委写信告杨某，并说：“他根本没什么能力，但非常骄横跋扈，动不动就拿人撒气。”但联名信石沉大海，还有人被莫名其妙地调离岗位。虽然名声不好，但自此杨二的官场晋升如履青云。

看着娘家人一个个飞黄腾达，杨某志得意满。她突然想起了自己和儿女，丈夫正当权，何不趁此机会为自己和儿女捞个一官半职呢？妻子把自己的打算告诉了王某，让他想想办法。王某生有两子两女，如果全家人都权倾一方，未免太“扎眼”了，王某便有所顾及。但是妻子又开始软磨硬泡，经过几番讨价还价，王某最终做出妥协：只提携妻子和大儿子，另外三个孩子凭自己的本事闯荡。妻子原来仅是砀山县曲艺团的演员，但只手遮天的王某再次轻轻挥舞权力魔棒，妻子便官至安徽省机关事务管理局接待处处长。他让安徽师范大学毕业的大儿子先到阜阳市政府办公室镀金，然后杀个回马枪，出任共青团安徽省委联络部副部长。在妻子的幕后指使和王某操纵下，“安徽第一权力家族”闪亮登场。

王某担心树大招风，更担忧因家族成员玩弄权术而一损俱损，于是开始想办法来稳固这个“权力家族”。他特意召开家族会议，传授自己在政坛上打拼几十年的秘诀：“大家都要牢记一句话，在官场上混，不求有功，但求无过，稳扎稳打。”

从货车司机一步登天的小舅子无师自通，将权力当成商品，上任不到三个月，便开始卖官。案发后统计，他先后受贿228次，卖出69顶乌纱帽。滚滚财源唾手可得，极大地刺激了杨二的胃口，他的胆子越来越大，甚至发展到出售“假官”的疯狂地步。2003年年初，工人身份的王某为了进入食品药品监督管理局做官，在先后奉上4.2万元的贿赂后，请求杨二帮其伪造国家公务员身份。杨二向王某提供了相关人员的档案复印件、所需表格及所需印章的印模，授意王某非法刻制了“宿州地区行署人事局”“宿州市人事局”“砀山县人事局”3枚印章，并伪造了转任公务员的相关批件。杨二一路作假，将王某任命为灵璧县药监局副局长。或许从中尝到了甜头，身为砀山县委组织部副部长的杨二，又安排王某为其非法刻制了“砀山县劳动局”“砀山县林业局”两枚印章。杨二将五枚假印章藏在家中保险柜里，留着日后伺机再大干一场。

与弟弟搞卖官勾当截然相反，大舅子杨一使出了“保官”的招数。2003年2月底，安徽振汉塑胶制品有限公司因涉嫌走私，被安徽省芜湖海关查处，该公司总经理也被芜湖海关缉私分局刑事拘留。其妻请求杨一“救人”，并暗示有酬谢。于是，杨一代表宣城市政府到芜湖海关的上级机关合肥海关处为此事进行协调，请合肥海关从宣城市招商引资需要出发，先释放总经理，然后再另行处理，几天后，总经理便被取保候审。

同年4月，时任宣广高速公路祠山岗收费所所长的徐某因私自违规发放出售高速公路月票，导致收费资金大量流失而被市纪委查处。调查期间，杨一多次打电话给办案部门领导，要求“对徐某不要一棍子打死”。在杨一的干预下，徐某仅受到行政记过、降半级、调离原单位的处理。而从轻受处理后，徐某不愿调到离家远的收费所工作，再次请求杨一出面说情，杨一收下徐某的1万元“说情费”后，帮徐某得偿所愿。

血亲姻亲组成的“权力家族”在安徽政坛上兴风作浪，尽管夫人在幕后遮遮掩掩，但王某还是觉察出一些风吹草动。特别是安徽省副省长王某忠出事后，他更加谨慎，再次要求妻子加强“委托管理”，责令两个小舅子和妻儿“收敛”。2005年1月28日，从省委副书记退下来的王某以高票当选为安徽省第九届政协副主席，但排名却在几位副主席之末。这种微妙的人事安排让王某顿感不妙，他立即将自己受贿的500万元赃款送给杨二保管，然而为时已晚。4月22日，省有关领导与王某谈话，让其“离职休养，讲清问题”。同日，妻子与大儿子被宣布“双规”，并被有关部门带离安徽。原来，大儿子拉父亲为双轮集团刘某“消灾”，给王某埋下了致命的隐患。刘某贪污受贿案发后，为求自保，他供出了包括王某在内的一大批安徽各级高官。中纪委组织数十名办案人员彻查王某“权力家族”腐败案，杨一和杨二随后被捕。2006年6月8日，杨二因涉嫌犯受贿罪，伪造国家机关证件、印章罪，数罪并罚，被判处有期徒刑15年；6月9日，杨一因涉嫌受贿近80万元，被押上了安徽巢湖市中院刑事审判庭。而王某因涉嫌利用职权，借干部职务晋升、工作安排和项目审批之机，大肆收受贿赂犯罪，被移送到山东省济南市检察院，实行异地管辖审查起诉此案。至此，“安徽第一权力家族”轰然倒台。2007年1月12日，山东省济南市中级人民法院对王某受贿、巨额财产来源不明案做出一审判决，以受贿罪判处王某死刑，缓期2年执行，剥夺政治权利终身，并处没收个人全部财产；以巨额财产来源不明罪，判处王某有期徒刑5年；数罪并罚，决定执行死刑，缓期2年执行，剥夺政治权利终身，并处没收个人全部财产。

【问题】

1. 结合案例分析王某“家族式腐败”的成因及特点。
2. 由此案例分析公务员任职回避制度存在的缺陷。
3. 通过对国外公务员回避制度的了解，说说我国有什么可以借鉴的地方？

【分析】

1. 王某“家族式腐败”的成因及特点

王某从1993年当选安徽省副省长，后升任省委副书记，到他2005年东窗事发，在长达十多年的时间里，他一直自在地“经营”他的“权力家族”，上演一出现代版“一人得道，鸡犬升天”的“戏剧”，令人瞠目结舌。在王某倒台之前，他的家族被戏称为“安徽第一权力家族”，王某“家族式腐败”这一典型案例，有其独特的形成原因和特点。

（1）“家庭式腐败”的成因。

长期以来，提及腐败往往都归咎于制度缺失，这样容易陷入“制度决定论”的陷阱。诚然，制度的笼子十分重要，但是在具体的成因分析中，特别是某一类型的案件研究上，有必要将关口前移，着重从思想及心理上找到切入点。例如，在家族腐败案件中，从他们的腐败轨迹看，有相当比例的领导干部都是思想观念发生扭曲异化，导致“三观”不正。

首先是权力观扭曲。在现有的干部选拔任用体制下，多数领导干部的成长都经历了相对艰辛的路程，在各自岗位上勤奋工作，到了一定阶段，有的产生了付出成本后渴望寻求回报的心理，权力欲望渐渐地根深蒂固。有的出身底层的领导干部，因曾经的贫穷生活带来强烈的畏惧感，内心渴望光耀门楣，由此产生权力寻租的原始驱动力。

其次是亲情观变形。传统的家族本位、人情社会，使得“一人得道，鸡犬升天”成为潜规则。通常，当一个人掌握一定权力时，其亲人和家族理所当然地认为要沾点光，谋求便利。如果此时领导干部不能把握住原则，使私情超越公法，思想防线必定失守。

由于思想的转变、私欲的膨胀，王某亲手把自己推上了一条不归路。“买官者”、老板“朋友”在其中都充当了重要的角色，然而还有一个人在其毁灭过程中充当了“催化剂”的角色，此人正是他的妻子，贪婪的妻子把获取金钱当成乐趣，王某收受的大多数贿赂都是经由妻子之手收下的。妻子还通过王某的影响，将自家的两个弟弟打造成了腐败“尖兵”，形成了一条家族腐败链条。

最后是价值观偏离。纵观相关案件剖析，不少领导干部起初尚能担当有为，甘于奉献，但随着上升节奏放缓，年龄变大，或者是目睹一些不良风气后，认为自己吃亏了，开始为自己铺后路，滋生“靠金钱铺路，让权力变现”的错误思想，进而在亲属间培养权钱交易代理人。

“一人得道，鸡犬升天”，王某自认为凭借权力可以带来福禄，殊不知却栽倒在自家人的“温柔陷阱”里。这真是搬起石头砸自己的脚。

（2）王某“家族式腐败”的特点。

①稳固化。因家族成员之间的关系相对稳固，同伙之间发生利益冲突的概率较小，在很长一段时间都处于风险可控范围之内，这就使得一些人热衷于进行风险较小的“曲线腐败”。加之家族腐败发生在其权力掌控领域之内，不需要生产成本或者前期投资，可谓是“低成本、高回报”，因此他们在共同利益的驱使下结成了固定的利益输送同盟。

②规模化。因为具备“成本低、动力足”的特性，家族式腐败先天具有掠夺财富的“疯狂性”，其目标不仅仅是为“自己谋私利”，还是为“子孙后代谋幸福”，一荣俱荣。从查办的案件情况来看，这类案件往往不但蚕食公共资金、公共资产，而且还会向侵吞资本、资源转变，同时影响范围广，带来的负面影响特别严重。

③隐蔽化。相对于一般的腐败形式，家族式腐败行为具有间接性和排他性，亲情和血缘的纽带使得这个利益堡垒异常稳固，短时间很难找到突破口。纵使东窗事发，家族成员之间也往往会订立攻守同盟，采取串供、伪证等方式来掩盖事实，给调查取证工作带来极大困难。

2. 公务员任职回避制度存在的缺陷

根据公务员任职回避制度的规定，王某和其妻子还有妻弟属于应当回避的亲属关系范围之内，但是严格来说，他们都不在同一机关内工作而且各自的直属领导不是同一个人，因此不算是违反任职回避制度的。然而由王某通过权力之手“造官”形成的官员家族却导致了严重且恶劣的后果，这不得不让我们反思公务员回避制度的漏洞。公务员任职回避制度设立的初衷是保障公务员公正、合法履行职责，以对公务员的任职进行一定限制为手段，从源头上减少亲属等社会关系对公务员行使职权的干扰。但实际上像王某家族这种拉帮结派、在官场上任人唯亲的现象依然大有存在。

我国有着几千年来形成的人情文化，人情关系往往成为人们解决问题的首要选择，很多人遇到问题首先想到的是“托人”“找关系”，而不是在法律和规制的框架下寻求解决的办法。一些干部利用手中的职权大肆侵占社会资源和公众利益，这已成为严重的社会问题，是腐败的重要内容，极大地破坏了社会公平正义，损害了党和政府形象。

从“安徽第一权力家族”的毁灭这个案例来看，作为为阻断人情关系提供保障的公务员任职回避制度仍存在缺陷。公务员任职回避制度的约束范围是否过窄是应该考虑的问题。虽然直属领导不同，但是王某通过职权跟相关机关的领导“打个招呼”，依然可以实现让妻弟从教师到局长“连跳三级”的跃升，这种操作难道不违背原则吗？另外，王某收受贿赂多是经妻子之手揽入囊中，而王某对妻弟和儿子的提携也是因为妻子的“恩威并施”，公务员自身廉洁很重要，其家人也应有法规管辖。

3. 国外的公务员回避制度介绍和我国可以借鉴国外公务员回避制度的地方

（1）国外的公务员回避制度介绍。

由于各国政治、经济发展状况以及法律等不同，公务员回避制度的立法也存在差异，大体可归为以下两类：一是直接在公务员管理的法律法规中对公务员回避做出规定，如瑞士、奥地利等国；二是将公务员回避规则包含在公务员的职业、行为道德及相关的廉政法规中，对公务员任职等方面的回避制度做出明确规范，如美国、英国、加拿大等国。多数国家已建立统一的行政程序法，并且设有专章规定了公务员的回避事由。在这些国家和地区，公务员回避制度已经成为一项基本制度，普遍适用于整个行政领域。此外，部分国家出台的相关配套制度较为健全，如美国的《行政部门雇员道德行为准则》就是对公务员管理法律法规的重要补充，保证了公务员在执行公务的过程中公私分明，避免公务员因其所属党派和所处地位而谋取私利。

从立法实践看，美国、英国、德国、葡萄牙、西班牙等国对公务员违反回避程序而做出的行为的效力的规定基本相似，即在公务员应该依法回避但没有的情况下，做出的具体行政行为并非必然无效，只有在公务员存在偏私行为的情况下，才认定该行政行为无效。关于违反公务员回避制度的行为，各国规定公务员本人构成违反纪律行为的，行政机关应当给予处分。

例如，德国警察的执法活动往往会牵涉违法行为。一些城市走私、贩毒和卖淫情况较为突出。为此，法律规定公务员的公务行动必须回避自己的亲戚、朋友，三到六个月就要轮岗，并且搭档不允许固定，重要的职位也要定期轮换。在进行大的执法活动时，有时不请当地的警察，而是跨区请其他地区的警察执法。另外，加强对官员的日常教育，提高公务员的待遇。德国政府也清楚高薪和优待会引起其他阶层的反感，但为了保证公务员的清廉，还是坚持实行比其他阶层更高待遇的福利。例如，普通职员的退休工资就达到1100欧元，最高可达2300欧元。官员的工资则要更高，没有上限，其退休金会按照最高的职位来计算。

（2）通过研究国外公务员回避制度，我国可以借鉴的地方。

发达国家公务员回避制度有很多好的做法和值得我们学习和借鉴的地方。充分借鉴国外公务员回避制度立法等方面的成功经验，可以少走弯路。

①构建符合我国国情的公务员回避制度体系。

第一，各国公务员回避制度有共同点，又各具特色。特色之处就在于它们是本国国情和历史文化传统相结合的产物。事实上，也只有与本国政治体制、历史条件、文化差异、风俗习惯等相结合，吸收借鉴别国的先进制度经验才有意义、才能成功。因此，在吸收借鉴西方发达国家的公务员回避制度的同时，应注重研究中国的历史和现状，不是生搬硬套或“全盘西化”，而应对国外先进的公务员制度进行中国化、科学化的实践，从中找出一条适合中国的公务员回避制度的发展道路。

第二，扩大回避范围，进一步扫除人治的各种因素。首先，任职回避范围应有所扩大，对于一些部门的特殊职务（财务、税务、监督等），有近亲属关系者不仅不得在同一机关而且不得在同一地区的同一层级同时分别担任领导人。其次，地域回避制度可与岗位轮换、地区交流结合，使公务员开拓视野、拓宽知识面，同时也有利于带动落后地区的经济发展。再次，公务回避制度除了规定的亲属关系外，还应采取适当措施对公务员的故旧关系，如同乡、同学、熟人、战友等关系加以限制，这也是公务回避制度的重要一环。最后，应将回避制度的相关内容从行政处罚程序、监察程序和听证程序扩大到诸如行政强制等其他行政行为的程序，以便更好地发挥回避制度的功效，实现其价值目标。

第三，完善制度设计，实现对公务员“进、管、出”三个环节的全面管理。应增设“公务员离任回避”制度，一些长期担任领导职务或非领导职务的公务员，离职退休后再工作可能再次影响公务。因此，应在《公务员回避规定（试行）》中对公务员离任回避做出明确的规定，真正做到从公务员队伍的入口、管理、出口上对其履行职务加以全面限制。此外，还应注意建立回避登记制度、回避审查制度、回避定期检查制度和随时调整制度、回避监督制度、无因回避制度等，使得公务员在整个职业生涯中拥有完善的回避制度体系。

②尽快完善公务员回避制度的立法。

第一，完善回避的理由。在回避理由的规定内容上，我国公务员法和其他现行法规仅以“利害关系”作为回避的一个模糊的法定条件，这显然是不够的。因此，应在确定“利害关系”为回避的前提条件下，进一步详细列举若干种常见的利害关系的表现形式。否则，法律设定回避制度的目的就难以达到。

第二，严格回避的程序。首先，在回避的提出上，应要求行政机关将申请回避的权利以及哪些情形属于法定回避情形等情况告知当事人，并公开公务员的有关情况，进一步落实当事人的知情权；提出的方式既可以是书面形式，也可以是口头形式，依具体回避方式而定。对于提出时限，一般是在公务活动开始之前，但对于行政程序履行过程中发现确有回避需要的，也可在公务活动进行中提出申请。其次，在回避的审查上，有权限的行政机关在接到当事人的回避申请后，应于法定期限内给予审查并做出批复；审查和批复方式应尽量采取书面形式；审查批复期限以最长不超过3个工作日为宜。最后，在回避的决定上，决定机关对当事人的回避申请做出审查后，无论回避理由成立与否，都应当做出书面决定并且通知申请人；在做出回避决定时，决定机关应出具决定理由，以增强决定的说服力和公正性。

第三，明确回避的效力。应在借鉴国外立法实践的基础上，一方面，对违反回避程序情况下实施的行政行为的效力做出具体规定：只有当公务员本人是本案的当事人时，由其做出的行政行为才是无效，在其他情形下做出的行政行为是否有效，应当具体问题具体分析。如果在公务员回避的情况下，其他公务员也会做出相同的行政行为时，就不应当认定该行政行为必然无效。另一方面，违反回避制度的法律责任形式如下：依据违法程度，除对未回避的公务员进行严厉的行政处分外，还可以对其适当处以罚款，追缴非法所获利益，构成犯罪时，应依法追究其刑事责任。

第四，健全回避救济机制。在行政相对人提出回避申请之前，应首先向回避的主管部门提请报告，由主管部门监督回避申请、审查、批复和执行的全过程，必要时监督公务活动的整个过程，这样不仅能够督促办案人员公正处理案件，也能使行政相对人以同意的态度接受实际处理结果，从而提高行政决定的可接受性。

教学案例2

“父子皆局长，回避制度成摆设”：对公务员回避制度的探索

2013年8月，安徽省宣城市中级人民法院对一起受贿案做出终审判决，被判处的是一对父子：宿州市国土资源局原局长张某某及其子宿州市国土资源局经济技术开发区分局原局长张某。在2005—2011年，张氏父子二人利用公职，联合受贿46起，受贿数额超过2亿元。该判决判处张某某死刑，缓期两年执行；判处张某无期徒刑。这起案件中，父子二人，不仅都是国土资源局的一把手，而且还是上下级关系。这不禁让人产生了一系列的疑问，为什么公务员回避制度在宿州市国土资源局形同虚设？这样一种由“直接上下级领导关系”带来的巨大“职务便利”，究竟是谁创造的呢？父亲难道就没有想过自己和儿子的风险吗？除了父子二人自身，谁还应该对此负责——当地对张氏父子的任职、对回避制度实行具有监管责任的组织部门，是否也应被追究责任？

张氏父子的巨额赃款从何而来？很大一部分来源于商人对土地的欲望，在此欲望的驱使下向国土资源局局长“送好处”。

2005年1月底，杨某告诉时任宿州市国土资源局土地利用管理科副科长的张某，他们公司要接手宿州市南关菜市场改造项目，其手续正在办理，拜托张某转告其父亲关照一下，手续办快一点，同意由他们公司开发南关菜市场周围的60亩土地。张某当即表示回家和父亲商量，过了两天，张某回话给杨某，表示答应帮忙，让他去当面说说自己的想法。杨某与张某某见面后，介绍了从淮光公司接手南关菜市场改造项目的情况，希望张某某能在项目变更方面给予关照，还提出想把南关菜市场周围60余亩土地一块开发的打算。张某某表示会暗示相关部门。临走时，杨某留下2万元“敲门砖”，敲开了张某某的权力之门。

不久，杨某又找张某某，希望张某某能以协议出让的方式，以零地价将南关菜市场土地使用权出让给其公司。2005年8月，张某某通知杨某，南关菜市场改造项目已经同意由其公司开发，让他到市国土资源局办手续。张某某向他承诺，南关菜市场改造项目附近剩下的土地，只要他们公司能拆迁一块，就安排给他们办理相应的土地出让手续，出让价格仍是零地价。杨某不停道谢，再次送上2万元。

与此同时，杨某向张某许诺，只要其父亲帮忙，以零地价将南关菜市场周围60余亩土地给他们公司开发，他赚到钱后，就会给张某家1000万元作为报答。张某欣然答应并去给父亲做思想工作。

2006年年初，宿州市国有土地资本运营管理委员会审议通过了南关菜市场改造项目，市场周围土地纳入市国土资源局的规划控制，并决定收储70余亩土地作为南关菜市场改造项目的后续开发，这意味着杨某所在的公司继续开发南关菜市场周围剩余土地的计划得到了政府的认可。

为了感谢张某某的关照，杨某以与张某小姨夫共同出资开发河南商丘一房地产项目的名义，安排工作人员往张某小姨父办的公司账户上分两次汇了300万元。

2010年5月，杨某由于资金周转不开，找张某借钱并承诺给予高息。此事经张某某同意后，张某在连云港将300万元交给了杨某，还约定先前给张某使用的奥迪轿车作价60万元卖给他。杨某与张某商定，该笔借款利息不能高于银行利息4倍，不然就是非法集资。经过测算，将借款金额算作600万元，月息2分，借款时间提前到2009年，借款时间为1年，这样利息为144万元，加上本金是744万元，出借人为张某某。为了掩人耳目，借据里的出借人、本金数额、借款时间都是假的。杨某表示多还的钱就是送给他们父子的，张某把这事告诉父亲后，张某某默许。

过了4个月，张某要杨某先还500万元。杨某将500万元转到张某亲戚所办的公司账户上。11月，张某借口急等着用钱，叫杨某再还点钱。杨某叫公司财务到银行取300万元，张某随手写了一张借条，拿走了300万元。

2011年3月，张某某听到风声，杨某可能要出事了，于是指使张某把送给他们的

300 万元退给杨某，张某安排亲戚直接汇款给杨某公司。但归还没几天，张某又打电话和杨某说要把 300 万元拿回来，杨某只得照办。

在这之中，张某某的权力笼罩了整个国土资源局，而张某以牵线者的角色收受了很多的好处。

2006 年年初，张某升任宿州市国土资源局经济技术开发区分局局长，这对上下级关系的局长父子，都手握土地审批大权。

2008 年年初，卢某接手一家房地产开发公司，急于寻找开发项目，当他得知张某因腰椎间盘突出在上海长海医院住院治疗的消息后，立马赶去上海看望并送上 2 万元慰问金，两人由此开始密切交往。

2009 年下半年，经张某帮忙，卢某和另一家开发公司的陈某洽谈联合开发宿蒙路一宗土地。卢某向张某提出，请他帮忙和父亲说说，将这 7 亩地的性质变更为商业用地。在商谈合作开发过程中，张某对卢某说，如果事情办成了，要给陈某个人一些好处。卢某应允并表示，张某某的辛苦费更不会少。

2009 年 11 月，张某打电话给卢某，要他给 450 万元，说是给陈某的好处费。卢某先将 300 万元转账到张某安排的账户上，另外将 150 万元现金直接交到张某手中。

卢某说："我当时手头没那么多钱，但为了启动项目，只好去借，300 万元是通过朋友，找一个徐州人借的，余下的 150 万元从两个朋友那里借来，利息都很高。"

2010 年 3 月，两家公司签订了联合开发土地的协议。确定了土地过户的具体过程，先将卢某公司的法定代表人变更为陈某，然后将土地过户到卢某公司名下，待土地过户后，又将公司的法定代表人变更为卢某。但由于缺少资料，宿州市国土资源局地籍科并未给卢某办理过户手续。2010 年 5 月 5 日，国土资源局窗口把补交的材料转到地籍科。当天，张某某批评了科长，指责他在办理审批手续时有压卷的行为，不符合市政府工作高效率的要求，科长立马想到应该是土地开发的事，立刻进行了处理。这样，卢某终于拿到了这 18 亩土地的两个土地证。

没过多久，张某先后两次以购车为由，让卢某给他准备资金。卢某带张某去看自己在合肥某小区的一套房子，谁料张某看上了此房。回宿州后，就提出用张某某在宿州的一套价值 45.84 万元的房子换卢某在合肥价值为 103.32 万元的新房子，两套房子的差价高达 57.48 万元。卢某同意将房子过户到张某妻子名下，过户的相关税费 1 万余元也由他支付。可是，张某将父亲房子的房产证和钥匙给了卢某，却不提办理过户的事。

张某成为分局局长之后，从牵线者的角色转换成了直接受贿者，他有了自己的权力，很多事情可以独自解决，野心与欲望更是膨胀了起来。更可怕的是，若是张某无法完成的事情，他只需请求父亲完成就可以。权力的双重叠加使国土资源局仿佛成了父子二人的囊中之物，逐渐成了一个无底洞。

没有约束的权力，张某就像脱缰的野马，恣意妄为。胡作非为惯了的张氏父子，对各路商人有求必应，权钱交易已成家常便饭。

2009 年 5 月，一家不动产咨询公司的老板刘某和张某说，想从宿州调剂部分耕地指标到外地用于高速公路建设，事成后给张某 300 万元好处费。此事谈得差不多后，刘某给了张某 200 万元。

如此不费吹灰之力就捞到巨款，对张氏父子来说，早已习以为常。更多的时候，权力就像一块腐肉，吸引着苍蝇般到处钻营的投机商人。

张某某自 2002 年 1 月起担任宿州市国土资源局局长，只有大专学历的张某 2003 年 3 月便成为宿州市国土资源局土地利用管理科副科长，掌管土地使用权划拨、出让等要务。2006 年年初又被提拔为宿州市国土资源局经济技术开发区分局局长，父子二人把握要职，打造家族式的权力王国，紧密合作，更加便利地利用职务进行权力寻租。

国土资源局在政府部门中的地位举足轻重，主管全市土地征用、划拨，土地市场管理，土地资产管理等工作，每一项权力背后，都是巨大的经济利益。所以房地产公司老板愿出大笔金额行贿，这也让当官就有权、有权就有钱这种邪念早已烙在父子二人的心中。

除了商人行贿，官场上也有人受不了诱惑向张某某示好。在张某某单独受贿的 455. 1 万元中，包括一名下属局长送的 30. 6 万元，其中 13 万元，是在过年过节用单位公款送的，目的是能在职务升迁上得到张某某的帮助。从 2007 年上半年开始，这个局长就和张某某提出希望能被提拔到市局，可每次送过钱后，张某某只是表示有合适的机会会考虑。后来张某某告诉他，准备调整他到市局任副处级调研员，但由于他的手下发生了违法违纪的事，连这机会也没了。

令人大跌眼镜的是，国土资源局的下属机构有个负责人竟然向张某某提出，自己的职位在退休后希望由儿子来接任。张某某居然满口答应，先将那个人的儿子选调进来，不久就将其提拔为副科级干部，该负责人一退休，张某某便安排其儿子主持工作。促使张某某这样帮忙的动机就是钱，那人为了儿子的职务升迁，行贿 27 万元，这已经不仅仅是接受商人的贿赂了，他们的权力蔓延到了整个官场，甚至可以随意决定人事安排。

父子二人在这荒唐的人事关系中形成了无言的默契，收钱、办事、再收钱，这一利益链条为他们带来了巨大的财富。有关国土资源的事，没有哪一件是他们父子二人无法做到的。张某心中也是应该非常感谢他父亲的吧，没有父亲，他如何能有这样一个“风生水起”的得意生活。

【问题】

1. 张氏父子为何能在国土资源局保持上下级关系多年，公务员任职回避制度在宿州市国土资源局为何形同虚设，请从相关利益方加以分析。

2. 如何避免类似张氏父子贪腐案的再次发生？

【分析】

1. 公务员任职回避制度形同虚设的原因

第一，公务员回避观念并未深入人心。我国是一个相当重视亲属关系的社会，宗族、血缘观念根深蒂固，对人们的日常生活乃至政治活动有很大的影响。长期以来存在的封建文化糟粕对人们的影响根深蒂固，不可能短期内得到根除，致使公务员回避制度根本得不到大多数人的重视。另外，张氏父子本身对于公务员回避制度就没有深入地了解，没有意识到公务员回避制度的重要性。而作为父亲，张某某没有以身作则管好儿子，没有给儿子立一个很好的榜样。总之，“腐败父子兵”现象的一个重要的原因是“父为子隐”“子为父隐”的封建家族观念在作怪。①

第二，我国公务员制度本身存在问题。虽然《中华人民共和国公务员法》《党政领导干部任职回避暂行规定》和《公务员回避规定（试行)》都不同程度地规定了有关公务员回避制度的措施，但是现行公务员回避制度的相关法规过于简单、概括，仅对任职回避制度、地域回避制度以及公务回避制度的程序做出了规定，而对该程序启动和运行的各个环节，包括审查标准、审查方式、决定方式、公务员回避后继任人的确定等一系列程序性事项基本未做规定，这必然会降低公务员回避制度的实效性和操作性。另外，我国现行法律法规中，对公务员未回避做出的行政行为是无效，还是可撤销或可更正无明确规定，关于公务员违反回避程序时所要求承担的法律责任的规定也不具体。立法如果不表明公务人员违反公务回避制度所实施的行为是否有效，往往会导致回避制度对国家公务人员行为没有约束力，从而使回避制度形同虚设。对于张氏父子来说，成为上下级关系并没有太大的成本，即使被发现，也不过就是改变这个上下级关系，没有什么实质性的处罚，所以他们才敢公然违反规定。

第三，回避制度的监督机制不健全。而对张某的任免时间是公务员法施行后几个月内，这种公然不遵守法律的行为实际上是权力的滥用和监督的缺失。由于公务员制度本身的不完善，我国公务员在任职或执行公务中履行回避的义务很大程度上取决于公务员的自身觉悟，而能否认真地贯彻执行一项制度，有没有严格的监督制度是关键所在。但由于个人觉悟或者利害关系的不同，并不是每一个公务员都能有这样的自觉性，所以缺乏有效监督使有些公务员在执行回避制度的过程中，难免会出现“打折扣”的现象，这对整个公务员体制的建设与健康发展都是极大的障碍。况且，公务员回避制度本身就与封建家族观念不符，没有思想观念上的支撑，又受到强大的利益诱惑，部分自身觉悟不高的公务员在没有监督的情况下自觉遵守回避制度显然是很困难的，张氏父子就是这类人。可能在一开始张氏父子成为上下级并没有合作贪污的想法，只

① 刘亚男．中国公务员回避制度变迁研究［D］．沈阳：辽宁大学，2013.

是为了给儿子谋一个好前程，可是因为一些因素的诱导和监督的缺失，他们渐渐走上了这条路。

第四，公务员选拔任用制度缺乏必要的程序保障。“腐败父子兵”事件还牵扯到公务员选拔任用的问题，张某为什么能成功通过考察而担任其父亲的下级？中国现在的公务员选拔任用制度，借鉴了西方公务员选拔任用有关程序的规定，即采取公开考试、严格考察、平等竞争、择优录取的办法。但在2006年，很多规定还没有完善，公务员选拔并没有像现在这样严格，有很多主观上的因素没有考虑全面。如规定“任免由领导集体讨论决定”，领导集体如何讨论决定，决定过程的程序如何。程序不确定，就难以保证结果的公正，也就为领导滥用职权留下了余地，这也就是张某之流进入国土资源局的重要原因。

2. 如何避免类似张氏父子贪腐案的再次发生

（1）完善公务员回避制度。第一，对任职回避制度、地域回避制度以及公务回避制度的程序启动和运行的各个环节，包括审查标准、审查方式、决定方式、公务员回避后继任人的确定等一系列程序性事项做出基本规定，提高公务员回避制度的实效性和操作性。第二，对公务员未回避而做出的行政行为是无效，还是可撤销或可更正做出明确规定；对公务员违反回避程序时所要求承担的法律责任立法说明，从而提高回避制度对国家公务人员行为的约束力。①

（2）落实配套制度。如在户籍制度中充分考虑公务员在外地任职、夫妻两地分居、住房、父母赡养、子女上学就业等一系列的问题。公务员选拔任用制度吸收西方公务员选拔任用有关程序的规定，即采取公开考试、严格考察、平等竞争、择优录取的办法。

（3）防患于未然——回避制度的延伸。第一，保障行政公正感，满足人们对受到公平对待的期待，正是在公务员法中设立回避制度的立法价值。在这一价值下，但凡影响一般群众感受行政公正感的亲属关系，无论是否在回避范畴内，都理应回避。第二，为了防止国有企业领导人员的个人利益与国有企业利益以及公共利益发生冲突，确保国有企业领导人员能够客观、公正、合法地履行职责，应不断完善相关的法律法规。

（4）完善监督机制。一是各级人事部门、组织部门存在着考察的责任，对已确定的考察对象，必须依据干部选拔任用条件和不同领导职务的要求，全面考察其德、能、勤、绩、廉，注重考察工作实绩。如果不按规定的资格条件、职位，宣布要求录用、晋升、调入和转任者，人事部门有权宣布其无效。二是党政领导干部人选，在上级党委考察之前或者本级党委决定呈报之前，应当在一定范围内进行讨论，征求有关领导的意见。

---

① 金哲刚，贾志刚．建立我国公务员回避制度的若干思考［J］．法学评论，1990（06）：86－88.

本章参考文献

[1] 韩锐，李景平. 国外公务员回避制度比较及对我国的启示 [J]. 行政管理改革，2012 (07)：64－69.

[2] 邓小娟. 当代封建政治意识的反思——关于封建宗法观念对当代政治文明建设的影响及对策 [J]. 三峡大学学报（人文社会科学版），2007 (S2)：13－15.

[3] 李志明. 我国公务员任职回避制度亲属范围的界定 [J]. 湖北警官学院学报，2013 (01)：140－143.

[4] 李洋，赵勇.《公务员回避规定（试行）》视角下任职回避制度探析 [J]. 江苏科技大学学报（社会科学版），2013 (01)：75－79.

[5] 范丁元. 浅析我国公务员回避制度 [J]. 山东省农业管理干部学院学报，2013 (03)：108－109＋112.

[6] 程萍. 公务员回避制度无法回避的问题 [J]. 人民论坛，2012 (11)：6－7.

[7] 李丹阳，任建明. 公务员回避制度执行力困局及解决对策 [J]. 人民论坛，2012 (11)：11－13.

[8] 骆勇. 我国公务员回避制度的缺陷及其消解 [J]. 天水行政学院学报，2007 (01)：72－74.

[9] 康子兴. 宗法制与中国人的传统思维 [J]. 玉溪师范学院学报，2003 (12)：14－17.

第七章 公务员的退出制度和相应的教学案例

【学习目标】

本章简要分析公务员辞职、辞退、退休的含义与意义，并将辞职与自动离职、免职进行比较，分析辞职应遵循的程序以及相关的法律后果；掌握公务员辞去领导职务的四种类型和法律后果，公务员辞退的程序与法律后果，强制退休与自动退休两种方式及相应的退休条件和退休待遇。

第一节 公务员的退出制度

一、公务员辞职的含义与意义

公务员辞职是指公务员根据本人意愿提出申请，并经任免机关批准，依法解除公务员与机关职务关系的一种人事行为，或是担任领导职务的公务员，依照法律规定的条件和程序，辞去所担任的领导职务。

公务员辞职制度是公务员制度的主要组成部分，是公务员管理的重要环节。建立公务员辞职制度，对保证公务员队伍的优化、精干、高效，保持公务员队伍的活力有着十分重要的意义：有助于优化公共部门人力资源配置，公务员辞职制度确立了公务员的自由择业权，使那些业务不对口、志趣转变、不愿在机关工作或更适合其他工作的公务员，通过辞职另辟天地，进而优化社会人力资源配置，促进经济社会发展；有助于促进公共部门人力资源合理流动，提高行政效率。实行公务员辞职制度，砸破"铁饭碗"，完善公务员竞争激励机制、优胜劣汰机制，促进了公共部门人力资源合理流动，推动了公务员新陈代谢和良性循环，以保持公务员队伍的活力，提高行政效率。

二、公务员辞去公职和擅自离职、免职的区别

公务员辞去公职是法律赋予公务员的一项基本权利。

辞去公职、擅自离职的区别有：第一，公务员辞去公职的意愿是得到法律认定的，因而受到法律的保护；而擅自离职的意愿并没有得到法律的认定，因此，擅自离职可以认为是公务员不履行公务员义务，需要承担不履行义务的法律后果。第二，辞去公

职是公务员自主择业的权利，公务员是否行使这项权利以及行使后的法律后果，法律不加干涉，由公务员自行处理；而擅自离职则是一种违纪行为。违纪行为需追究责任，擅自离职的法律后果是事先设定的。

免职是公务员的任免机关依照一定的法律事由，经过法定的程序，免除公务员所担任职务的一种人事行政行为，辞去公职与免职存在本质的差别。

公务员辞去公职与免职的区别：一是性质不同。辞去公职是公务员的自主择业权利，是公务员自愿的法律行为；而免职则是机关的一项人事行政权力，是任免机关的单方面的法律行为，公务员必须服从。二是发生的原因不同。辞去公职的原因是因公务员个人引起的，是出于公务员的个人意愿；而免职则必须有法定的事由，没有这些法定事由是不可能任意免职的。三是导致的法律后果不同。辞去公职是公务员与机关职务关系的废除；而免职则有两种情况：一种是因退休、离休、辞退等原因而引起终止公务员与机关之间的职务关系的免职，另一种是由于公务员职务的变更，工作岗位变换等原因引起的免职职，务关系的变更是为了任新职。

三、公务员辞去公职的程序和法律后果

辞职是一种法律行为，作为法律行为要产生预期效果，必须履行一定的法律程序。根据《中华人民共和国公务员法》和《公务员辞去公职规定（试行)》的规定，辞职必须遵循以下程序：首先，公务员要辞去公职，必须向任免机关提出书面申请，填写《公务员辞去公职申请表》；其次，任免机关进行审批，对于公务员的辞职申请，任免机关应认真及时地进行审查，符合法定条件的应予以批准；最后，办理公务交接手续。

此外，公务员辞去公职前的原机关，要负责为其办理好有关身份、职务、级别、工资待遇、工作年限等的各种证明材料和递转手续，以作为他们重新就业时确定各种待遇的参考。

公务员辞去公职的法律后果包括三个方面：职务关系废除，公务员身份消失；失去公职待遇；再次任职受到一定的限制。

四、公务员辞去领导职务的类型及法律后果

根据辞去领导职务的事由不同，根据公务员法规定，公务员辞去领导职务有以下四种类型：因公辞去领导职务、自愿辞去领导职务、引咎辞去领导职务、责令辞去领导职务。

因公辞去领导职务，是指担任领导职务的公务员因工作需要变动职务，依照法律或者中国人民政治协商会议章程的规定，向本级人民代表大会、人民代表大会常务常委会或者中国人民政治协商会议提出辞去现任的领导职务。因公辞去领导职务主要适用于人大、政协选举产生的领导干部。

自愿辞去领导职务是指担任领导职务的公务员因个人或者其他原因不愿意继续在

领导岗位工作时，自行提出辞去现任领导职务，一般称为自愿辞职。自愿辞职与因公辞职的不同之处在于：因公辞职是公务员要调任其他公职，是组织的安排；自愿辞职是公务员因个人或者其他原因辞去领导职务，如不能胜任工作，或者因病不能正常工作等。担任领导职务的公务员自愿辞职后，可以担任其他非领导职务，继续留在公务员队伍。自愿辞职和因公辞职在程序上是一样的。

引咎辞去领导职务指担任领导职务的公务员，因工作严重失误、失职造成重大损失或恶劣影响，或者对重大事故负有重要领导责任的，不宜再担任现职，由本人主动提出辞去现任领导职务。引咎辞去领导职务不同于因自己直接的违法违纪行为导致的带有强制性的纪律处分和法律制裁，而是在领导成员的行为尚不够纪律处分和法律制裁的情况下，退下领导岗位的一个“体面”的方式。

责令辞去领导职务指拥有管理权限的管理主体根据领导成员任职期间的表现，认定其已不再适合担任现职，通过一定程序责令其辞去现任领导职务。责令辞去领导职务有两种情形：一种是领导成员应当引咎辞去领导职务而本人不提出辞职的；另一种是任免机关认定其不再适合担任现任领导职务，本人不提出辞职的。

公务员辞去领导职务的法律后果有四个方面：因公辞去领导职务的，只是现任领导职务消失，改任其他领导职务，其待遇不变或提高；自愿辞去领导职务的，领导职务消失；引咎辞去领导职务的，辞职后现任职务消失；责令辞去领导职务的，现任领导职务消失，待遇随新职务而定，一般是会降低的，但公务员的身份不会消失。

五、公务员辞退的含义与条件

公务员辞退是指各级机关按照法律规定的条件，通过一定的法律程序，在法定的管理权限内，做出解除公务员全部职务关系的行政行为。辞退不具有惩戒性，不是一种行政处分。一般来讲，辞退无须事先征得公务员同意，只要符合法定条件，管理部门就可按照法定程序做出辞退的决定。

公务员辞退条件包括肯定性条件和限制性条件。

公务员辞退的肯定性条件，是指机关单位可以辞退公务员的法定情形，公务员法第八十八条规定如下。

公务员有下列情形之一的，予以辞退：（一）在年度考核中，连续两年被确定为不称职的；（二）不胜任现职工作，又不接受其他安排的；（三）因所在机关调整、撤销、合并或者缩减编制员额需要调整工作，本人拒绝合理安排的；（四）不履行公务员义务，不遵守公务员纪律，经教育仍无转变的，不适合继续在机关工作，又不宜给予开除处分的；（五）旷工或者因公外出、请假期满无正当理由逾期不归连续超过十五天，或者一年内累计超过三十天的。

为了从根本上维护公务员的合法权益，特别是弱势群体的合法权益，公务员法规定了四种情况下不得辞退公务员：因公致残，被确认丧失或部分丧失工作能力的；患病或者负伤，在规定的医疗期内的；女性公务员在孕期、产假、哺乳期内的；法律、行政法规规定的其他不得辞退的情形。

六、公务员辞退与开除的区别

辞退和开除公务员的直接法律结果，都是终止了公务员与机关的一切职务关系，公务员身份消失，是行政机关单方面的行为，但是辞退和开除这两种人事行政行为存在着根本的差别，具体有以下几点。

一是性质不同。开除是对公务员的一种行政处分行为，具有明确的惩戒性质；而辞退不是行政处分，不具有任何惩戒性质，是公务员管理中的正常行为。

二是原因不同。辞退的原因是公务员的德才水平或本人主观努力不够而不能胜任公务员职务，无法履行公务员义务；开除则是由于公务员在行使公务中的违法违纪行为造成的。

三是法律后果不同。辞退的公务员依法可以获得辞退费和享受失业保险；而被开除的公务员只能享受失业保险，而不能享受其他待遇。

七、公务员辞退的程序与法律后果

为了保证各级公务员机关正确行使辞退公务员的权力，充分发挥辞退制度的作用，公务员辞退的程序应遵循两个原则：要保证辞退权力得以顺利实施；要防止辞退权力滥用，损害公务员的合法权益。基于这两个原则，辞退公务员必须经过以下程序。

所在单位在核准事实的基础上，提出建议并填写《辞退国家公务员审批表》报任免机关。辞退公务员只能由该公务员所在的单位提出，其他个人和单位都无权提出，而且必须经过单位领导集体研究后以书面的形式提出，并说明辞退的法定事由和事实依据。

任免机关人事部门审核。任免机关接到材料后要认真审核，特别是要对辞退的理由是否充分、事由是否属实、运用法律是否恰当、程序是否合法等进行审核，提出明确意见。符合条件的予以审批，不符合条件的予以退回。

公务员接到辞退通知书后，如有异议，可通过行使申诉权和控告权保护自己的合法权益；如无异议，必须在规定的期限内办理辞退手续，进行公务交接。

公务员机关辞退公务员同公务员辞职一样，也会造成相应的法律后果，具体如下。

公务员与机关职务关系废除，公务员身份消失，被辞退人员离开公务员系统后，丧失了公务员身份，不再履行公务员的义务，也不再享有公务员的权利。

按照规定享受辞退待遇，辞退费发放标准由省、自治区、直辖市人民政府根据低于公务员的最低工资、高于“社会救济”的原则确定。辞退费的发放期限为：工作年限不满两年的，发放期限为三个月；工作年限满两年的，发放期限为四个月；工作年限满两年以上的，每增加一年，增发一个月，但最长不得超过二十四个月。

公务员被辞退后，可以从事其他各种行业，但在一定时限内不得重新回到公务员队伍。这也是许多国家常见的做法，我国的限制时间为五年，即公务员辞退后五年内不准重新进入公务员系统工作。

八、公务员退休的含义与意义

公务员退休是指公务员达到法定退休年龄，或者工作时间达到一定年限，或者完全丧失工作能力时，依法办理退休手续，退出公共管理岗位，由国家或单位给予基本生活保障，以安度晚年。

建立公务员退休制度，对于实现公务员队伍的不断更新，增强公务员队伍的活力，解除公务员的后顾之忧，提高行政效率，具有十分重要的意义。其有助于促进干部年轻化，优化公共部门人力资源结构；有助于体现公务员老有所养的权利，保持公务员队伍的稳定与发展；有助于废除我国干部领导职务终身制，保持公务员队伍朝气蓬勃。

九、公务员退休的方式和条件

按照公务员法以及相关配套法规，结合公务员本人的退休意愿和机关工作需要，公务员退休方式可以分为强制退休和自愿退休两种。

强制退休又称为“应当退休”，是指公务员达到法定的退休年龄，或完全丧失工作能力，无论愿意与否，由任免机关依法命令其办理退休手续，离开工作岗位，并享受相应的退休待遇。任何人不得以任何理由拒绝退休。

自愿退休又称为“可以提前退休”，是指公务员达到一定年龄，或具备法定的工作年限，由公务员本人主动申请退休，办理退休手续，离开工作岗位，并享受相应的退休待遇。

实践证明在公务员退休制度中，采用自愿退休与强制退休两种方式，既能够较好地体现公务员退休权利与义务相一致的原则，又有利于建立和推行我国公务员退休制度。

公务员退休条件包括年龄、工作年限、健康状况、劳务能力等各方面。下面根据公务员应当退休的条件和公务员提前退休的条件具体分析公务员的退休条件。

我国公务员应当退休的条件有两种：一是年龄，男性公务员达到60周岁，女性公务员达到55周岁的，应当退休；二是身体条件，即完全丧失工作能力。凡是符合这两种条件之一的公务员，应当退休，并享受规定的退休待遇。公务员制度中关于“应当退休”的规定意味着符合条件的人员必须退休，没有选择的余地。

我国公务员自愿退休的条件可分为工龄、年龄、辅助条件三种。公务员法第九十三条规定，公务员符合下列条件之一的，本人自愿提出申请，经任免机关批准，可以提前退休：（一）工作年限满三十年的；（二）距国家规定的退休年龄不足五年，且工作年限满二十年的；（三）符合国家规定的可以提前退休的其他情形的。

十、公务员退休的待遇

公务员是行使行政权力、执行国家公务的公职人员，其身份和职业的特殊性决定了在确定公务员退休待遇时必须遵循以下原则：国家保障原则、退休待遇与社会发展水平相适应原则、退休金免税原则。

公务员退休的待遇主要包括政治待遇、退休金待遇和其他物质生活上的待遇。

政治待遇是指退休公务员的社会地位、政治地位和享有各种政治权力。如阅读机密文件、听重要报告、看必要的学习材料、参加党和国家组织的有关会议，鼓励他们为加强和改善党的领导、改善政府行政工作、提高工作效率做出贡献等。

退休金待遇也称退休费、养老保险金等，是由国家规定发给退休公务员的生活经费，也是退休公务员享受物质待遇的基本部分。根据公务员退休的基本原则，退休金由国家财政支付。

公务员退休后除享有政治待遇和退休金待遇外，还享有其他物质生活上的待遇，主要包括以下部分。在职时享受的地区津贴、公费医疗、房租补贴、取暖补贴等，退休后继续享有；对因公致残的公务员，除发给基本退休金外，另发给因工伤残保险金，其中生活不能自理、饮食起居需要人扶助的，每月发给一定数额的护理费；公务员退休后，其住房标准按同级在职公务员的标准执行；退休公务员去世后，丧事处理、丧葬补助费和供养直系亲属抚恤金，与在职公务员去世后一样对待，其遗属生活有困难的，按照国家有关规定给予补助；对获得部级以上荣誉称号，有特殊贡献的老专家，长期在青海、西藏及三线等艰苦地区工作的公务员，退休金可以在一般标准的基础上，区分不同情况再提高 5% ~15%，但最高不得超过在职时的最高工资。

第二节　公务员退出制度的教学案例

教学案例 1

公务员辞职的隐情

——从趋之如鹜到挥袖而去

2009 年，B 市启动第 6 次政府机构改革，3 年内将消化因“出口”不畅而形成的 4000 多名党政机关超编人员。B 市的林某——主任科员、正科级，工作出色，却在局领导的一声招呼下递交了辞职信，跳槽国企。冗杂人员“不愿走”、优秀人才“不愿留”，公务员内部是否存在强制退出？公务员退出制度是否“虚化”严重？公务员“离职潮”是否会持续凸显？林某历经理想与现实的节节差距后辞职离开的故事不是个案，到底是什么促使公务员选择离开体制“围城”呢？

林某，男，家住上海市，家境殷实，从小到大衣食无忧，高考后在上海读了大学，大学毕业后，年少的他有着雄心壮志，于是决定去外企磨炼自己。林某在外企工作了三年，日复一日高强度的工作使他感觉压力很大，身心疲惫。虽然外企的薪酬待遇确实比较优渥，但是由于外企都是凭能力说话，多劳多得，所以一般工作强度都比较大，工作时间也就相应比较长，而且很多岗位员工都需要老板随叫随到的，这样就减少了和家人相处的时间。林某放弃高薪去考公务员，公务员的工作压力不是很大，只要按时完成工作，就会有更多的时间去陪伴家人，享受亲情的温馨。因此，在经过一番激烈的思想斗争后，林某参加了上海公务员招考。

但是当上公务员后，林某不由得产生了困惑。

困惑一：干多干少都一样

有很多人觉得公务员轻松、没压力，并且拿着“铁饭碗”，可以一辈子高枕无忧，但林某并不认同。他认为：“不是大家想象中的没事儿干，公务员也有压力，但不是企业那种有指标、带领团队做出好成绩的压力，而是一种隐形的压力。”一是公共性的特殊职业要求与公务员个人发展的冲突：公务员行使公共权力，维护公共利益，必然要求公务员摒弃私心，保持公正。但现实中，一个人不可能脱离他的个人利益而存在。因此，如果他一直加班工作，确实是有利于工作单位的业绩。但大量的工作让人身心疲惫，最重要的是，一些同事明明每天上班应付了事，却照样拿着工资，甚至有的凭着资历、人脉不断升职。在这种情况下，干多干少一个样。林某表示自己在工作中遇到这种进退两难的工作量的问题，导致了自己的心理困境。二是理性的“官僚制”要求与公务员个性发展的冲突：公务员不仅代表自己，更代表政府和国家，一言一行都要更理性和谨慎，林某认为这阻碍了他个性的发展。他时时刻刻都要注意自己的言行举止，不然就会被戴上有损公务员形象的“帽子”。这种苦闷、压抑使林某不堪重负。另外，公务员对技能的要求较低，只要熟悉了一个岗位，工作起来就没有什么问题，这使得很多公务员拿到“铁饭碗”以后就不再主动学习。他的好几个同事比他资历深，但是在日复一日的相同工作下，也渐渐丧失了刚来时的斗志。

再说评优，应该是表现优异的拿优，连拿 3 年就能晋升。可是实际操作时却是轮流得优。与林某同一时间进入单位的同事，性格开朗，人缘好，但工作态度不如林某认真，在评优的时候，林某压根没把他当作自己的竞争对手。然而结果是人缘好的同事评了优，这种不公平的评优机制让林某内心十分不满，觉得自己辛辛苦苦工作却没有得到应有的回报。踏踏实实做事的老实人被油嘴滑舌的小人打败，林某对此十分愤怒，但却有苦难言。林某开始考虑自己的辛苦工作是否有意义，想起了当初考公务员的初心，觉得这与自己的预期大相径庭，林某的内心不禁郁闷起来……

困惑二：公务员分流——出色就要走

在岗位上工作三年后，正好遇到公务员分流。当时各部委给出的条件不尽相同，林某所在的财政部作为强势部门是当时分流政策最好的部委之一。精简的时候，财政部给了 18 项优惠政策，如分套房，公费深造两年，还可以选择去财政部下相关的事业单位等。他那时的抱负是“50 岁之前做到中央委员”，所以他选择去其他部门继续工作。

领导告诉林某，其他科室有一个同事要走，空出了位置让林某去，谈话时领导给出的理由是“工作出色，是个人才”。林某做好了调动的准备，谁知又生变动，林某留在了原科室。原科室要多“裁员”一人，好脾气的林某又被领导召见谈话。

“不是说我工作出色吗，怎么又要我辞职?”“对，就是因为你是人才，我们相信你辞职后无论到哪里，都能发光发热。”这个说辞让林某一时语塞。那一次，林某坚持没有走。有同事拿了 10 万元左右的补偿就走了，林某说他家境还算殷实，没有选择拿钱。

林某自视不是个“敢想敢干”的人，甚至还有些优柔寡断。但某天，林某却毅然决然地辞职了。究其原因原来是林某最敬重的领导要跳槽了，跳槽前领导把林某叫到办公室，问林某愿不愿意一起下基层锻炼，换换环境证明自己。那天夜里，林某躺在床上，在心里做着最后的斟酌，自己最敬重的领导也要走了，林某感到部门已不再值得留恋，领导的一句招呼成为这些年来压倒骆驼的最后一根稻草。第二天，林某便递交了辞职信，离开了这个他付出过青春的地方，随后，林某便被调到国企工作。如今他是副处级，也是局级后备干部。

从公务员到国企，林某的反差不算大。他的老同事中，有创业开公司的，但听说结局不太好。林某一直强调自己是个保守的人，没什么闯劲。他打听过老同事现在的收入，大概税后十一二万元，他说自己跳槽后也只不过多了三四万元而已，但自己和朋友干副业，有外快赚，甚至要超过主业了。林某家境比较好，所以关于待遇他并不是十分在意，但是公务员的待遇问题一直是围城内外争议的焦点。

统计显示，十多个行业的职工平均工资中，公务员平均工资排名处于中下位次。人社部、国家统计局等部门联合进行的相关调查《公务员与企业相当人员工资水平试调查分析报告》也证实了这一结论。

但是显然非体制内的人们都无法接受公务员的这个收入水平，许多关于公务员的激烈争论往往由这个话题开始。公众舆论对于公务员的真实收入，总是怀有一种巨大的不信任感，而这种不信任感，恰恰又是许多人往公务员这座“围城”里挤的潜意识原因。

林某的故事多少有些“平淡无奇”。但事实上，离开了的公务员绝大多数都是因为“平淡无奇”这四个字。随着党的十八大以来出台的“八项规定”、中央和地方的几轮巡视以及公众目前对公务员认识的微妙变化，离职公务员数量逐渐增多，有人说各种原因催生了公务员新焦虑症，第三波公务员离职潮已经到来。公务员离职潮真的到来了吗？像林某这样是个别现象还是公务员这一职业正在悄然发生变化？

缺乏成就的工作，没有希望的晋升，毫无亮点的收入，人际关系复杂和社会舆论监督的压力等与这些“平淡无奇”形成巨大反差的，是一些看上去有些惊心动魄的数字。比如2013年，在法院系统中，上海辞职的法官接近70人，比往年大幅增加。这部分离职人员多为35~45岁的高学历男性，法学功底扎实、审判经验丰富，其中不乏中级人民法院副庭长之类的业务骨干。

中国社会科学院的一项调查显示，八成基层公务员存在不同程度的职业倦怠，包括身心过度劳累，对工作丧失兴趣，对自身工作能力、效率、贡献和社会价值态度消极。其原因包括个人抱负与现实情况的落差，工作负荷大和内容僵化，职务晋升和薪酬激励失效。

是什么样的节点促成了公务员的离职呈显著上升趋势？这种趋势是否代表公务员“离职潮”已经到来？20世纪90年代，全国掀起了一股公务员下海潮，人社部数据显示，1992年，有12万名公务员辞职下海，1000多万名公务员停薪留职。那时邓小平发表南方谈话，鼓励创业，市场经济开始起步，越来越多的机会摆在了年轻人的面前。有很多人选择离开体制，闯入社会，不过大多数人选择了留条后路，即“停薪留职”，也就是说，如果创业不成功，可以再回归体制。当时市场经济的发展处于起步阶段，做生意的成本低。但如今随着市场经济越来越规范，下海就需要有足够的能力和魄力，并且社会竞争越来越激烈，昂贵的成本注定让很多人夭折在创业的最初阶段。20世纪90年代的下海辞职更多的是利益的驱使，而当今的公务员辞职更多的是政策的鼓励和公务员“志不在此”或者“怀才不遇”，以及由此造成的心理问题。

从职业来说，三百六十行，行行出状元。对于全社会中的职业来说，公务员只是一个普通的职业，由于社会公众和媒体对于公务员群体稳定性的过度宣传，形成看似“金饭碗”的假象。

从个人层面来说，公务员这个职业是实现个人理想、博得人生出彩的机会。然而，理想很丰满，现实很骨感。在一个职业发展平台，面临巨大的生活压力，不足以继续维持甚至拖累自身发展时，选择离职是很正常的。对于公务员这个职业来说也是如此。

结语

林某的故事反映出了社会正在悄然发生变化，无论公务员离职是否成为趋势，作为社会的成员，公务员对于自身角色的定位才是最重要的。“围城”里的林某薪资待遇低、得不到认可、晋升机会有限、频频遭遇考评不公，种种困境，究竟是不完善的公务员工资制度、不合理的薪酬待遇、不科学的干部人事制度，还是难以服众的考评机制带来的？抑或是公务员自身定位与职业要求发生了偏离，忘记了这份职业的初心？每个“林某”的辞职都是多种因素的结果，但纷繁复杂的辞官现象背后，制度终究是主因。它既是公务员能站在公平的起跑线上“同台竞技”“各施所长”的最终保障，也是政府留住公务员队伍中的优秀人才并吸引更多精英人才的根本手段。

“能进能退”不等于可以“说走就走”，公务员退出制度究竟应如何定位？目前公务员体制有哪些问题与弊端亟待改善？离职公务员的监督机制是否需要重新审视并建构？公务员的离职行为与去向应如何引导和规范？林某进入“围城”又离开“围城”的故事将这些问题抛出的同时，也为冲破公务员“围城”困境提供了解决的思路和方向。

【问题】

1. 从林某走出体制“围城”这一案例所获取的信息来看，公务员辞职原因千差万别，既有个人因素，也有体制因素，通过本案例分析公务员辞职原因究竟是什么？

2. 随着公务员辞职的事例越来越多，关于“如何看待公务员辞职”的讨论迅速掀起，结合案例分析，如何辩证地看待公务员辞职现象？

3. 公务员体制应如何留住人才？

【分析】

1. 公务员辞职原因究竟是什么

公务员辞职的原因千差万别，具体来说，主要有以下几个方面。

（1）对待遇不满意。林某一开始在外企工作，工作强度和压力比公务员时期大，但是收入高，还有分红和年终奖金。而做了公务员之后，林某觉得干多干少一个样，每个月就拿着几千块钱的固定工资，他打听过老同事现在的收入，大概税后十一二万元。对很多公务员而言，做公务员首先是一种谋生的职业，然而，目前公务员的薪资待遇确实不高，特别是近年来公务员的工资收入并没有随着社会经济发展水平的提高而逐步增长。从变化趋势看，近年来公务员工资是相对下降的，以至于很多公务员都面临着“薪酬窘境”。在经济待遇得不到满足，造成生活压力较大的情况下，极易促使一些公务员离职，继而寻求收入更高的职业。

（2）晋升机会有限。在很多部门，从来就不缺人，既不缺林某这样的青年才干——高学历、肯吃苦的年轻人一抓一大把，也不缺中层领导——排着等待升迁的队伍一个接一个，唯一缺的是机会。部门的中层领导不是像林某这样的70后，就是有经验、有资历、“年事已高”的同事，发展空间很小。一般而言，大多数公务员在为官之初，都怀揣着远大的从政目标，希望踏上仕途金字塔的理想台阶，有的公务员甚至制定了诸如5年内升正科级、10年内升正处级、20年内升正厅级之类的进步目标。然而，由于不同台阶的职数限制及模糊的晋升制度等诸多因素，绝大多数公务员又会遭遇到不同类型的晋升“天花板”。事实上，一些公务员之所以选择在县处级甚至厅局级岗位上辞职，一个很重要的原因就是“再往上升空间太小、难度太大”。面对狭小的晋升空间，一些公务员尤其是在一定领导职位上的公务员也会权衡自身继续在官场发展的前景，既然没得到晋升机会，他们很自然会萌生出“不升就走”“另谋高就”的念头。

（3）干多干少一个样。在公务员队伍中，如果人员过多，分工又不明确，难免会有一些人逃避劳动。工作要进行，就会有一些“老实人”做一些不属于自己本职工作的事情。长此以往，那些工作太多的人必然会觉得自己负担太重，那些逃避劳动的人自然会觉得整日无事可做。任何人都有追求公平的倾向，他们共处一个单位，共处一个办公室工作。人们必然很容易自然而然地和周围的人做比较，如果整日都是吃这种“大锅饭”，干得少干得多都是拿一样的，必然会影响人们的工作积极性和工作热情。

（4）考评机制不完善。案例中林某那个工作一般、只注重搞好人际关系的同事评了优。这种不公平的评优机制让林某内心十分不满，觉得自己辛辛苦苦工作却没有得到应有的回报。公务员评价仍主要依赖于领导印象，再加上本单位内的“群众测评”。工作能力、业绩及廉政等因素都只作为某种意义上的参考，因时而异、因人而异，有时会变得很重要，有时则被刻意淡化。一些决策和执行能力较差的干部，如果获得领导青睐，在考核评价时会被评价为具有某方面的潜力，有意突出“德”“廉”等其他方面。应该说，领导印象和群众测评，一定程度上也会反映出考核对象的能力和业绩。特别在一些人数较多的单位，如果考核对象工作业绩突出却没有获得对等的考核等级，且在晋升中受到压制；或者能力平庸、业绩不佳者被评优并获得晋升，都将导致领导面临单位内外的舆论争议，甚至可能影响领导本人的考核。科学性和合理性不足的评价、晋升制度，不仅阻碍了公职机关内部，德才兼备的“能人”脱颖而出，而且还会让相当数量的公务员陷入并不愉快的工作状态，长此以往，必然会增加选择放弃公职、离开机关的人数。

2. 辩证看待公务员辞职现象

随着公务员辞职的现象越来越多，毫无疑问，一场关于“如何看待公务员辞职”的热烈讨论迅速掀起。通过观察和梳理发现，最具有代表性和争议性的议论往往聚焦在两个话题上面，即“越来越多公务员辞职是否正常”和“新一轮公务员辞职现象是否到来”，对此，我们认为，不宜做出“是”或“否”的简单认定，而应理性看待，并视具体情况做具体分析。越来越多公务员辞职是否“正常”？辩证地看，公务员辞职，对于政府和公务员系统来说，既有正常的一面，又有不正常的一面。

就正常的一面来说有以下几点。

（1）任何职业都有“吐故纳新”，并非官场“专属”。从职业流动层面来说，公务员辞职与其他行业员工辞职没有本质差别，都是员工对于职业的重新选择。在思想日益多元、选择越发多样的当今社会，包括公务员在内的任何行业，从入职到成长的过程中，工作岗位的变化，都是相互适应、相互选择的，岗位有出有进、有去有留，实属正常现象。一些公务员辞职离开公务员体制，同时也利于吸纳优秀人才进来。

（2）既有利于组织新陈代谢，也有利于个人自由发展。公务员辞职从一定意义上说，也是干部“能出”“能下”的一种渠道，对于优化干部队伍结构、激发体制活力有着重要作用。作为个人选择，公务员辞职从事与自己的专业背景、性格特点相匹配的职业，也能更好发挥自身优势和特长，达到工作提升和个人价值实现的双赢目标。这不仅有利于辞职公务员的职场发展，也符合国家对公务员队伍的治理方略。

（3）体制机制深化改革的必然结果。改革开放以来，我国官场共发生过三次较明显的集中“溢出”。第一次是20世纪80年代中期，计划经济转向市场经济，一批公务员赶潮下海；第二次是1992年邓小平南方谈话后，改革开放步伐加快，大量公务员再度辞“官”；第三次是2000年前后，政府机构改革精简人员，不少公务员辞职。回顾历史不难看出，这三次集中“溢出”都是与改革深化、市场经济体制完善联系紧密，属于市场作用下的正常分流。理性地看，2013年开始出现的新一轮公务员辞职现象，也是党的十八大后体制机制深化改革的必然结果。党的十八届三中全会首次提出了市场在资源配置中起决定性作用，为体制内外人才的双向流动奠定了更坚实的基础，这也符合社会和市场发展规律。

就不正常的一面而言有以下几点。

（1）心态不正，消极离职。为官从政既充满着压力和考验，也需具有一定的奉献精神。从现实情况来看，辞官者中有的原本就抱着混日子或追名逐利的不正确心态进入官场，如今自感“紧日子来了，好日子不再了，太平官难当了”而被迫“中途离场”；还有的公务员以“当官不易”为借口，向组织上“半真半假”讲条件，要求更好的“待遇”，否则就消极怠工，甚至撂挑子走人。面对当下从严治党、从严治吏的现实环境，怎样合理看待待遇、职级等考验着广大公务员的工作心态。公务员因“为官不易”而心态不正，进而消极离职，这与“人民公仆”的职业追求不符，属于辞职公务员个人的不正常心态。

（2）升职不顺，负气辞职。当前我国公务员晋升机制确实存在着不合理之处，致使许多原本能力突出的公务员怀才不遇，然而，因不合理的晋升机制原因导致公务员尤其是有能力公务员怀才不遇而负气辞职，属于单位人才不正常流动，这既不利于公务员本人的职场发展，也造成了官场内精英的流失。

（3）逃避查处，恶意辞职。党中央高压反腐之下也确有少数公务员因担心贪腐问题被发现而有意“中途潜逃”，甚至跑到国（境）外去的。如果说出于对家庭生活负担或为实现个人梦想的考量而选择辞职属于正常的话，那么希冀以辞官来掩饰违规和逃避查处，无疑是辞官现象中极不正常的恶劣行为，需要特别警惕并亟待解决。

3. 公务员体制留住人才的措施

（1）完善公务员工资制度，确保合理薪酬待遇。透视林林总总的辞官现象，因薪酬待遇低而辞职的公务员不在少数。薪酬待遇达不到一定预期，有能力、懂技术的公务员自然会另觅高就。因此，对公务员工资制度进行必要的改革，确保薪酬待遇合理，既有利于建立和维护公务员的职业自豪感，同时也是出于“揽才”的需要。为此，一是要建立一套科学合理的薪酬体系，通过必要的经济收入保障，达到不仅能留住公务员队伍中的优秀人才，而且还能够达到吸引更多精英人才充实这一队伍的良好效果。二是提高基本工资水平，规范福利和津补贴。在“八项规定”和高压反腐堵死公务员的隐性福利和灰色收入“后门”之后，也应打开“正门”，即将这些福利和收入合理划分后纳入公务员的基本工资，并建立一个合理的加薪基准，以实现津贴及福利的合理化和规范化。三是优化公务员的薪酬结构。当前公务员薪酬结构较为单一，主要参考依据是工龄，特别是行政职务及级别。这就造成同级别的人“苦乐不均”以及不同级别的人之间收入差距较大等情况。这在很大程度上抑制了公务员，尤其是年轻公务员积极性的发挥，难以留住公务员队伍中的优秀青年人才。建立公职人员贡献与待遇挂钩的机制，可以让那些职务不高的公务员也能根据贡献大小得到相应的薪酬待遇，从而增强公务员职业吸引力。

（2）改革干部人事制度，完善公务员晋升和有序流动机制。在完善公务员工资制度，确保合理薪资待遇之后，也要及时研究制定有关干部人事制度改革政策，破解不合理的晋升机制，从而激发干部队伍活力。一方面，要完善公务员晋升机制，畅通职级晋升渠道。针对公务员晋升“天花板”现象，要着力构建公平、公正、公开的用人制度，实现公务员选拔由“伯乐相马”机制向“规则赛马”机制的转变，变公务员提拔任用主要由少数人决定为主要由制度决定，从而让人人都能站在公平的起跑线上“同台竞技”，形成任人唯贤的格局；同时可根据公务员职务与职级并行的原则，给公务员提供职务之外的职级晋升通道，如只要服务满一定年限就可以晋升职级，并享受同职务级别的待遇；属于专家型、技术性的公务员，可以通过评职称晋升和提高待遇等方式缓解公务员职务晋升的压力，同时给予他们一个可预期的发展前途，使其更有信心留在体制内。另一方面，要健全干部有序流动机制，畅通流动渠道。古语有云：“流水不腐，户枢不蠹。”建立畅通的流动渠道，让公务员能上能下、能进能出，有助于公务员队伍破除积弊沉疴，其本身也是公务员管理科学化的表现。此外，要持续推动地区之间、部门之间、地区与部门之间、党政机关与国有企事业单位及其他社会组织之间横向与纵向的干部轮岗交流，使干部在不同岗位的交流锻炼中既能提升工作本领，又能发掘职业价值，从而增强对公务员职业的认同感和使命感。

教学案例 2

从 80 后公务员辞职看公务员退出制度

2014 年 1 月，《上海观察》连续刊发了《公务员：这一年少掉的福利》《公务员队伍开始动荡了吗?》等系列文章，反响强烈。一位曾在市级机关工作的 80 后公务员，看完后给新闻媒体发了以下文字，谈了谈他辞职的心路历程。

你为什么要辞职？数月来，我已经被无数人问过这句话。但坦率地说，我还没认真想过这个问题。或许，只是内心深处那股遏制不住的冲动，终于让我迈出了这一步。

其实我从来不是个“敢想敢干”的人，甚至还有些优柔寡断。但这一次辞职我非常坚决果断、毅然决然。辞职到现在四个多月，我觉得自己迈出了正确的一步。

我来自浙江东部的小村庄，高考后到了上海读大学，硕士毕业后顺利进入市级机关做公务员。可是在机关工作的七年里，我渐渐从最初的满腔热血变成碌碌无为的平庸，再到自我的质疑与反省。“离开这里，到外面闯一闯”这个声音已经在我脑子里响了三年。但莫名的恐惧和对未来不确定性的不安，让我不断地自我安慰，自我麻痹，把念想强压在心底，但三个月前的一个饭局，让我所有的情绪都爆发了。

2013 年 8 月的一天，分别十周年的本科同学聚会。昔日朝夕相处的同学再次相见，分外亲切，聊往事、叙友谊，其乐融融。十年间，很多同学都有非常大的进步：他们中有的已成为大型企业的法务主管，还有外资所的知名律师、投资公司的资深研究员等。谈到买房，看的都是600 万元以上的级别；提起股票，账户里至少 7 位数；聊起子女，很多读的是私立学校，还准备要二胎等。饭席上依旧热闹、话题不断，但我望着这些曾经熟悉的面孔，感到阵阵凉意。读书时，我一直担任学生干部，还是班里的团支书，是本科班级为数不多的研究生。研究生毕业时，还被评为上海市优秀学生。但这一切，现在却不值一提。当年，我放弃公司、律师事务所等看起来不怎么铁的“饭碗”，进入公务员队伍。碌碌无为过了七年，都不知道留下了什么。收入七年没涨，职级七年没变，能力是“听话加写报告”，社会关系是“领导加同事”。

是自己不努力？上班从不迟到早退，从不无故请假，加班总是主动争取。刚入职那几年，三顿饭都在食堂吃，把单位当成家，但那又怎样？在市级大机关的小部门，从来就不缺高学历、肯吃苦的年轻人。唯一缺的是机会，部门的中层领导都是年轻的 70 后，发展空间小得让人绝望。是自己没能力？考虑到部门工作的局限，我干中学、学中干，积极准备，参加各类选调，证券监管、国资管理等部门的笔试都通过了，但由于种种原因没能成功转岗。买房结婚后，生活压力陡增，职业收入增长无望，于是我将目光转向股票投资，把大量业余时间投入股票研究，一路坎坷但仍然坚持，考取多张证券方面的职业证书，一心想跳槽做专业的证券分析师。但深入了解行业之后发现，我年龄太大，不合适。刚入机关时，我也曾朝气蓬勃，想奋力而为，干出一番事业。可机关就那么点事，不是收文就是发文。官样文章不管你写得如何，各级领导总要修改一下，以体现他的水平高你一筹。天天写、年年写，解决问题就靠写。写了那么多文件、讲话，无一不是“领导重视”“下定决心”“排除万难”“取得胜利”这样的字眼。这种工作，一年下来就疲了。机关待的时间越长，梦想离的越远。尤其是 80 后公务员，他们普遍自我意识强烈，非常想实现人生的自我价值，不甘心默默无闻虚度人生。但现实却是，六七年过去了，只有极个别人因年轻有为、善于沟通得到提拔；有些人能力虽平庸，但踏实工作，也在等待提拔；只有少数人决然离开，更多的人留下来虚度时光。

三十而立。现在的我，上有老下有小，压力很大，但前途黯淡。当意识到这一点时，我的内心突然无比坚定：不破不立，如果什么都不去改变，不去努力，那永远只能是空想。于是我豁然开朗，什么时候开始都不晚。离开这里，失去的只是枷锁，得到的却是自由。

从决定到辞职只一周时间，领导震惊并挽留我，父母不理解，但妻子却非常支持。如今，四个月过去了，在新的岗位上我又变成一个新丁，许多东西要从头学起。但每天接触新事物、学习新东西，为自己奋斗、为理想奋斗，这让我内心充满激情与力量。我离开时，有个年轻的同事悲哀地对我说："公务员像极了温水中的青蛙，被短暂的安逸消磨了奋斗的勇气，最后碌碌无为直至消亡。"这是临别赠语，亦是自语。其实，很多80后公务员都有这样的想法：也许在另外的舞台上，我可以表现得更好。最近，听说底层公务员收入又少了一些，工作要求反而更高，青年公务员辞职的暗流在涌动。一切，也许只是开始。

【问题】

1. 如何看待这位80后公务员辞职的心路历程？

2. 从这名80后公务员辞职心路历程，可以得到哪些思考？

【分析】

1. 如何看待这位80后公务员辞职的心路历程

公务员辞职已经不是什么新鲜事了，前有"80后公务员辞职卖菜"，后有"因禁令严苛公务员要离职"，许多公务员更是感叹"公务员不好当了"，再看这篇报道中年轻公务员的心路历程，有必要科学看待公务员这一职位。

首先，公务员只是一个职位，它的诞生是因为党中央的政策落实执行以及地方政府机构工作量大，仅凭政府要员是无法完成的，因此需要一批愿意为人民服务的有志之人组成公务员队伍去协助政府为人民服务。

其次，公务员作为一种职业应该有进有出，一味地往里钻只能说明大家对于公务员没有一个很清晰的认识，再加上中国有"学而优则仕"的传统，在这种传统思想氛围下，许多在学生时代就比较优秀的人毕业后会选择进入公务员体系，他们没有真正静下心来思考自己是否能耐得住平淡，耐得住乏味，是否能够以为人民服务为宗旨，把人民满意度作为自己工作成就感的来源，就贸然选择公务员，这样做既是对自己的不负责任，也是对政府的不负责任，更是对人民的不负责任。

社会的发展需要各行各业所有人共同努力，试想将军再多，如果没有士兵，将军又有何用？城市再繁荣，若是没有环卫工人每天打扫城市的大街小巷，城市终究会变成垃圾场。每个职业都有其存在的作用和价值，同样的道理，没有公务员，仅凭为数不多的政府人员去管理一个十四亿人口的国家，会使国家短时间内陷入混乱，所以公务员是守护国家稳定的一分子，是不可或缺的。

在这封辞职的感悟文字中，不仅反映出青年在择业问题上理想与现实的差距。在理想的天平上，人民往往将公务员与“铁饭碗”联系在一起，认为进入到这个“围城”之后就可以高枕无忧了，不像别的行业职员天天害怕自己哪天会失业，内心动荡不安。有一份稳定的工作，而且还是国家的编制内人员，在中国几千年根深蒂固的官本位思想氛围下，父母和亲戚朋友们都为自己感到荣耀，周围都是羡慕的目光，所有这些都会萦绕在公务员的周围，形成了一顶亮眼的“光环”。但是这些往往仅是一种理想，是官本位思想强制附加给公务员的“光环”让公务员这个职业充满了高大上的色彩，让无数人趋之若鹜。然而在现实中，会发现所谓“光环”不过是个障眼法，公务员这个职业没有很多人想象得那么美好，它可能很烦琐、很单调、压力很大、工资不高，然而它也有它的魅力。每个人都有自己的禀赋，每个人都有自身的特长，一个全面发展的社会，每个人的发展理应遵循着自身的特点，选择自己真正所热爱的行业，而不是受社会上各种不必要的价值观的约束和左右。这名 80 后基层公务员的辞职感悟，对于徘徊在理想和现实中的青年人来说无疑是当头一棒，能够惊醒那些处于迷茫中的人，能够让青年人更清楚自己的人生应该走向何方，能够帮助正在寻觅职位的青年人少走上许多弯路。

2. 思考

这位 80 后公务员的辞职心路历程，对当代社会来说很有启示意义：选择公务员职业，就是选择了清廉淡泊，就是选择了远离发财，就是选择了耐得住寂寞，就是选择了为党领导下的政府有序健康管理国民事务贡献自己的力量。公务员本就是为民服务，本就是“苦事”，就必须接受“吃苦”，必须以百姓的生活更加幸福安康作为自己工作的成就感，以为人民是否做出贡献作为自己的人生是否成功的衡量尺标。当了公务员，就要兢兢业业地做好自己的本职工作，为人民做出贡献，这是有价值的，厘清这个理念十分具有现实意义。因为只有清晰地认识到公务员所肩负的使命，才不会被世俗观念所同化，不会一味以金钱作为衡量成功的标准，才能在身边人皆为利往的环境下依旧保持对工作的热爱而不觉得自己人生失败。

习总书记在福建任职时讲过一段话：从政就不要想发财。公务员要坚定为人民服务的宗旨，这是所有选择从事公务员职业的人必须要坚守的信念。做一名公务员的道路本就不是一条发财致富的道路。

我们应该明确，公务员只是一种职业，不是一种身份象征，更不是一种特权象征。说白了就是人民公仆，所以全心全意为人民服务才是公务员所追求的目标。作为年轻的公务员，不仅要保持高昂的斗志，不断奋斗的精神，而且更应该端正自己的心态，平淡的工作环境不代表自己会变得平淡，在平凡的环境中也可以变得不平凡。认清自己的职业方向，坚定自己的职业理想，扎扎实实为人民做实事，让人民满意。公务员辞职是很正常的事情，人们应该摘掉有色眼镜，本着坦然的心去接受，毕竟辞职只是发现职位并不适合自己，但是不要否认他们曾经为人民作出的贡献和他们自身的价值。对于年轻公务员的辞职，不要再去过度解读。我们希望，“在其位谋其政”，公务员还是应该真正做到“为人民服务”。

本章参考文献

[1] 刘博．我国公务员退出制度研究［D］．上海：华东师范大学，2006.

[2] 刘义．完善我国公务员退出制度的对策研究［D］．南京：河海大学，2007.

[3] 张静．我国公务员退出制度研究［D］．南昌：南昌大学，2010.

[4] 宋岚岚．我国公务员退出制度构建研究［D］．北京：中央民族大学，2011.

[5] 章海鸥，张静．我国公务员退出制度的优劣势及其对策研究［J］．南昌大学学报（人文社会科学版），2010（01）：20－24.

[6] 孙慧琴．我国公务员退出制度研究［D］．呼和浩特：内蒙古大学，2008.

[7] 冯爽．我国公务员退出制度探析［D］．长春：长春工业大学，2015.

[8] 陈伟．我国公务员退出机制探析［D］．南京：南京工业大学，2012.

[9] 张思嘉．地方政府公务员退出机制问题研究［D］．哈尔滨：哈尔滨工业大学，2009.

[10] 唐锐．我国公务员退出机制研究［D］．徐州：中国矿业大学，2016.

[11] 漆佳红．论我国公务员退出机制的完善［D］．成都：电子科技大学，2008.

[12] 吉利．我国公务员退出机制研究——以上海市闵行区为例［D］．上海：上海交通大学，2014.

[13] 刘莹．关于我国公务员退出机制研究［D］．武汉：湖北工业大学，2011.

[14] 郭俊，马雷．中国公务员退出机制问题的文献调查研究：2001—2009［J］．理论与改革，2011（02）：157－160.